Gudrun Zydek

Dichtweite

*Gedichte * Gedanken * Geschichten*

Gudrun Zydek

Dichtweite

Gedichte * Gedanken * Geschichten

*Bibliografische Information der Deutschen Nationalbibliothek:
Die Deutsche Nationalbibliothek verzeichnet diese Publikation in der
Deutschen Nationalbibliografie; detaillierte bibliografische Daten
sind im Internet über dnb.dnb.de abrufbar.*

Umschlaggestaltung, Design und Layout: Klaus Zydek

Der Titel ist auch als E-Book erschienen.

*Verlag: BoD · Books on Demand GmbH, In de Tarpen 42, 22848 Norder-
        stedt
Druck: Libri Plureos GmbH, Friedensallee 273, 22763 Hamburg*

ISBN: 978-3-7693-0343-8

Alles im Leben erzählt uns von uns selbst.

Inhalt

Vorwort *13*

I.   Von Dichtung und Leben
    Ein Mensch verfasste ein Gedicht *15*
    Dichtung und Leben *16*
    Dichters Muse *17*
    Rhythmus *18*
    Überflüssig *19*
    Kreislauf *19*
    Wiedergeburt *20*
    Neu? *21*
    Menschliches Leben *22*
    Ernst des Lebens *22*
    Warum? *23*
    Lebenslauf in der Symbolik der Zahlen *24*
    Ironie *27*
    Poesie *28*
    Mein Leben *29*
    Ich bin *30*
    Die Rose *31*
    Macht der kleinen Schritte *32*
    Tote Hose *33*
    AUTOmatisch *34*
    Sonett? *35*
    Imagination oder Bildnis einer Dame *36*
    Ist es dir eigentlich bewusst? *37*
    Weißt du, was das heißt? *38*
    Die Cäcilienmesse oder Die Chorprobe *41*
    Siegerländer und Wittgensteiner *42*
    Verstehen *44*
    Mensch und Natur *46*

II.   Von Entscheidungen und Beziehungen
    Angebot für einen Engel *47*
    Nur Gedanken? *48*

Inhalt

Tor zur Fülle 49
Recht(s)streit 50
Wir-Sein 51
Der Liebe voll 51
Profilierungen 51
Vatertag 52
Der Untreue 53
Die zweite Frau 54
Mitgefühl 54
Vergib 55
Kompliment 56
Schicksal? 56
Es duftete süß der Jasmin 57
Des Schicksals Bälle 58
Der Weg zu dir 58
Jung und plötzlich 59
Nur Kalkül?! 59
Nachsicht 60
Mann oder Hund? 61
Appell an dich oder das Gehirntraining 62
Schiedsrichter 63
Wicklermännchens Klage oder der Duft der Frauen 64
Kleiderkauf oder die Qual der Wahl 65
Abfuhr 66

III.   Von Fragen, Antworten und Erkenntnis
Mutter Erde 67
Am Himmelstor 68
Erkenntnis 69
Inspiration 70
Magie 70
Realist? 71
Bewusstsein 71
Menschen sind wie Diamanten 72
Verlorene Zeit? 72
Bedeutung 73
Was weißt du? 73
Denke 74
Was du erkennst 74
Ein Mensch von Einfluss 75
Wie siehst du dich? 76
Mangel und Fülle 76

Inhalt

Wenn Wind nicht weht 77
Tagtraum 78
Was bist du? 78
Was bleibt? 79
Bleib wie du bist 79
Warum?? Warum?? 80
Warum, was und wie? 81
Mit liebevollen Augen 81
Geiz und Sparsamkeit 82
Trotzdem tot 82
Mangelndes Vertrauen 83
Geist-Reich 84
Finde DICH! 84
Begehrlichkeiten 85
Einsicht 86
Geld 87
Das kleine Feine 88
Ruhe sanft? 88
Willst du ein Haus dir bauen 89

IV. Von Freundschaft und Liebe
Freundin 91
Liebe 91
Einmal Herrgott sein 92
Der Mutter 93
Liebe Worte 94
Die Liebe liebt 94
Anerkennung und Liebe? 95
Ein Wort nur? Ein Lächeln? Ein Blick? 96
Rosa Rosen 96
Synapsen - Schnittstellen der Liebe 97
Du verlangst nach Liebe? 98
Sonett an die Liebe 98
Die Liebe 99
Liebe wird nicht, Liebe ist! 99
Duft der rosa Rosen 100
Tagetes gelb und Tausendschön 100
Roter Mohn 101
Katzenjammer 101
Rosen auf mein Grab 102
Ewige Liebe 103
Unsterbliche Liebe 104

Von Herz zu Herz *105*
Wer sagt es denn? *106*
So war sie *106*
Liebe trägt diese Welt *107*
Trage keine Maske *107*
Das liebende Herz *108*
Schau mich an *108*
Danksagung *109*
Kirschbaum *110*
Alte Liebe *111*
Begleite mich *112*

V.   Von Gott, Engeln und Glauben
Der Anfang *113*
Schöpfung *113*
Der Wille Gottes *114*
Sprich zu mir *114*
Der Name des Einen *115*
E R *115*
Wie finde ich zu Gott? *116*
Der freie Wille *116*
Gott *117*
Gottes Segen *117*
Du bist nicht allein *118*
Freiheit *119*
Achte dein Leben *120*
Erst Vertrauen schenken *120*
Das Lächeln Gottes *120*
Anruf *121*
Bitte Gott *121*
Wunscherfüllung *122*
Mit jedem Makel *123*
Nimm ALLES *124*
Was ist ein Gebet? *124*
Kraft des Glaubens *125*
Gib nicht auf! *126*
Er wartet *127*
CARTE BLANCHE *127*
Einheit *128*
Schutzengel *128*
Der Ruf des Engels *129*
Was Engel so tun *130*

Der kleine Engel 131
Das Heilige Lied 132
Sonne meiner Welt 135
Allein? 136
Eine Sonne sein 137
Ich wünsche mir Kirche 138

VI. Vom Inneren und Äußeren

Himmlische Regentropfen 139
Wie, was und wer bist du? 139
Sei wie ein Baum 140
Ideale Maßnahme 140
Sag, wann ist man alt? 141
Stimme der Liebe 142
Äußeres und Inneres 142
Samen des Geistes 143
Ausgeraubt 143
Die Skepsis 144
Tränen?! 145
Mir war heut so 146
Das Schweigen 147
Stille 148
Tor der Stille 149
Laute Stille 150
Reizvoll 150
Licht 151
Zum Geburtstag 152
Inszeniertes Weihnachten 153

VII. Von Jahreszeiten und Emotionen

Sein wie sie 155
Lauf der Dinge 156
Vorfrühling 157
Lebensblühn 157
Klartext 158
Dann ist Sommer! 159
H E R B S T 160
„Heiße Hilde" 161
Wandern, wandern 162
Herbst und Tod 162
Mahnmal 163
Herzschlag 164

Inhalt

Angst vor dem Leben 165
Gevatter Tod 165

VIII. Von Raum und Zeit und Veränderung
Verändere die Welt 167
Ein Tag wird kommen 168
Raum und Zeit 169
Anker der Zeit 170
Alles dauert, solange es dauert 171
Tag und Nacht 171
Zeitlos 172
Wächter des Raumes 172
Chronik 173
Augenblicklich 174
Einzige Gewissheit 174
Abschied 175
Parteipolitik 175
Alkohol 176
Vaters Geburtstag 177
77. Geburtstag 178

IX. Wunder, Wahrheit und Wahrnehmung
Kein Wunder, dass es Wunder gibt 179
Schau hinter diese Welt 180
Es gibt keine Wunder? 181
Leben 182
Nostalgie 183
Baum der Erkenntnis 184
Schritt ins Dunkle 184
Bereit? 185
Verborgenes Auge 186
Buch der Weisheit 186
Positiv denken 187
Alles relativ?! 188
Wie die Sonnenuhr 188
Spuren 189
Augenblicke, Tage, Orte 190
Tugend 190
Die andere Welt 191
Ach, Stolz! 191
Phantasie 192
N e i d 192

Schönheit 193
Hoffnung 194
Die Hoffnung 195
Demut 196
Musik ist Leben 197
Weihnacht 198
Weihnachtslicht 198

X.   Von Weisen und Narren und vom Glück
Weisheit und Wissen 199
Weise 200
Weisheit 200
Das Wissen 201
Freude 201
Wein und Weisheit 202
Zwei Menschen, ein Sturm 202
Mein Nest 203
Streben nach Glück 203
Das große Glück 203
Wenn ich nicht will 204
Liebe ist Glück 205
Narr? 206
Chaos 208

XI.   Geschichten
Die Box 209
Verirrt 213
Das Weihnachtszimmer (Der Schlag) 222

Vorwort

Auf Seite 118 im Kapitel *„Von Gott, Engeln und Glauben"* geht es unter der Überschrift *„Du bist nicht allein"* um ein persönliches „Reading" für mich, das ich inspiriert aufgeschrieben habe. Was aber ist denn nun Inspiriertes Schreiben genau? Vereinfacht könnte man sagen, man schreibt, bevor man denkt bzw. ohne zu denken.

Inspiriertes Schreiben findet „zweigleisig" statt, das heißt, ich schreibe auf, was ich von innen heraus erfahre, während gleichzeitig mein Verstand beobachtet und lesend begutachtet und kommentiert, ohne doch eingreifen zu dürfen, wenn ihm etwas als zu abenteuerlich oder gar falsch vorkommt.

Mehr als einmal erklärte sich mein inspiriertes Schreiben selbst, wie zum Beispiel in dieser Vision:

„Ich sitze in einem Kreis mit meinen Nachbarinnen. Groß und deutlich sehe ich vor meinen Augen meine Schrift in der Luft. Ich lese sie. Gleichzeitig liest eine weibliche Stimme aus meinem Innern sie mir vor, und das, was ich auf diese Weise lese und auf diese Weise höre, schreibe ich zur selben Zeit mit meiner Hand nieder."

Was ich inspiriert schrieb, brauchte inhaltlich und stilistisch nie eine Überarbeitung. Ich schrieb es hin, und es war gut so. Wortwörtlich. Mein erstes Buch *„Komm, ich zeige dir den Weg! Unser Weg durch das Leben in inspirierten Schriften"* und auch mein zweites Buch *„Himmlische Regentropfen"* sind auf diese Weise entstanden.

Bevor ich mich allerdings an den Tisch setzte, um zu schreiben, sprach ich immer ein Gebet und meditierte anschließend, um mich auf die göttliche Inspiration einzustimmen. In dem Buch *„Dichtweite"* sind sehr viele Gedichte inspiriert entstanden, jedoch nicht alle. Einige hab ich ganz bewusst verfasst; allerdings sind auch hier - wie bei jedem kreativen Prozess - die Grenzen fließend.

Vielleicht erkennen meine Leser selbst, welches Gedicht wie entstanden ist?

Wer mehr über Inspiriertes Schreiben und meinen geheimnisvollen persönlichen Weg dort hin wissen möchte, findet eine umfassende *„Chronik meines Weges"* in meinem Buch *„Komm, ich zeige dir den Weg! Unser Weg durch das Leben in inspirierten Schriften"*. Ich beschreibe z. B. ausführlich die „visionäre Schrift", die ich anfing zu sehen, lange bevor ich überhaupt zu schreiben begann.

Auch heute noch ist diese Schrift bei mir, eigentlich immer, sobald ich nur die Augen schließe. Sie ist ganz einfach da, wie um mich an meine Arbeit zu erinnern und zu ermahnen.

In einem Traum wurde mir gesagt, dass ich einfach nur darüber inspiriert schreiben solle, wenn ich etwas Bestimmtes wissen möchte. Die folgenden Zeilen sind ein Auszug aus einer Antwort meiner inspirierten Schrift:

„Bitte Gott um Zuflucht für deine Gedanken, damit er sie reinige und läutere und führe in die richtige Richtung. Er wird deine Gedanken lenken auf das Wesentliche, auf das Wahre, und du wirst es erkennen und an die Menschen weitergeben. Deute, was du siehst, indem du schreibst über alle Dinge, die dir auffallen, die dich zum Nachdenken bewegen. Denn es liegt ein Sinn darin in allem, was dir begegnet. Gehe diesem Sinn, dieser Bedeutung auf den Grund, und du wirst stellvertretend für dich und dein eigenes Leben das Leben aller Menschen begreifen können und verstehen. Und dieses Verständnis gib durch deine Schriften an andere Menschen weiter."

Gudrun Zydek

I.   *Von Dichtung und Leben*

Ein Mensch verfasste ein Gedicht

Ein Mensch verfasste ein Gedicht,
damit zufrieden war er nicht.
Er strebte sehr nach Perfektion,
erteilte andern gern Lektion.

So knobelte er hin und her,
was noch dran zu verbessern wär.
Von abends spät bis in die Früh
verbiss er sich in seine Müh.

Und ohne sich etwa zu schonen,
verfasste er so zig Versionen.
Er rang mit dem Papier und sich
und war erfolgreich unterm Strich.

Zwar fühlte er sich leicht benommen,
doch hat den Gipfel er erklommen.
Jetzt stellte das Gedicht sich dar,
wie es von ihm die Absicht war.

Er hatte wieder, welch ein Hohn!,
die allererste Ver.si.on.

Dichtung und Leben

*Jedwede Dichtung, das ist klar,
einmal in einem Kopfe war.
Sie war Empfinden, war Erleben,
das jemand weiter uns gegeben.
Das, was wir hassen, was wir lieben,
hat immer jemand aufgeschrieben,
damit uns nichts verlorengeht
und wir so wissen, wie es steht.
Es geht um Alltag, rosa Träume,
um Lieb und Leid, um große Bäume.
Es geht um Tugend und um Laster,
um Schmerz und Tränen und viel Zaster,
Geburt und Tod und Hoffnungsschimmer,
auf welches Glück der Welt auch immer.
Doch geht's auch dann und wann zuweil
um das genaue Gegenteil.
Was einst ein Mensch sich ausgedacht,
hat schriftlich seinen Weg gemacht
in unser Herz, unsre Gedanken,
wo lesend sie hineinversanken.
Was uns ein andrer so gegeben,
wird uns Empfinden und Erleben.*

*Man kann nun schmunzeln, weinen, lachen
und seinen Spaß daraus sich machen.
Kann Mitleid haben mit den Helden
und auch Betroffenheit vermelden.
Dabei bemerkt man keine Spur,
dass es das eigne Leben nur,*

denn das, worum es immer geht,
auch in dem eignen Leben steht.
Manchmal verstehn wir's aber nicht
und brauchen eines andern Sicht,
die's Leben aufzeigt mit Facetten
und nicht, wie wir es gerne hätten.
Ein Mensch alleine weiß nie alles.
So brauchen wir im Fall des Falles
in unsrer eigenen Begrenzung
den Geist des andern als Ergänzung.

Dichters Muse

Möge die Muse den Dichter stets küssen,
damit wir sie nicht missen müssen,
die Reime, heiter, ausgefeilt,
bei denen wir so gern verweilt.
Würde die Muse den Kuss ihm verwehren,
dann müssten wir sein Werk entbehren,
und das wär einfach jammerschade
und, wie ich finde, schrecklich fade!

Rhythmus

Der Rhythmus ist des Pendels Schwung,
die Spur der Zeit, Erinnerung.
Der Erde Rhythmus sind Gezeiten,
die Ebbe und auch Flut begleiten.
Aus Rhythmus schenkt sich alles Leben,
durch ihn ist er ihm mitgegeben.
Im Rhythmus teilt sich jede Zelle,
im Rhythmus lebt und atmet sie.
Er ist als Tag und Nacht zur Stelle,
bei Lobgesang und Elegie.

An jedem Tag, an jedem Orte
verständigt sich der Mensch durch Worte.
Sind rhythmisch und voll Schönheit sie,
erwachsen sie zu Poesie.
So rauscht der Töne reicher Klang
im Rhythmus voller Überschwang.
Und Harmonie im Farbenspiel
ist Rhythmus, der auf Leinwand fiel.
Er ist des Lebens Puls und Herz,
er wechselt Freude ab mit Schmerz.

Wenn rhythmisch du durchs Leben gehst,
du dich in einem Tanze drehst
voll Schönheit, Gleichmaß, Harmonie,
was wär das Leben ohne sie?
Was im Banalen sich verliert,
wird durch den Rhythmus potenziert,
weil das, wodurch das Leben währt,
im Rhythmus erst sich selbst erfährt.
Er spielt des Lebens Sinfonie
voll Anmut und voll Harmonie.

Überflüssig

*Oft quillt den Menschen
aus dem Kopf,
was überflüssig
wie ein Kropf.*

*Und nun sagst du,
das glaubst du nicht?
Dann schau doch mal
auf dies Gedicht!*

Kreislauf

*Kreislauf des Lebens,
ewiges Rad,
Symbol der Unendlichkeit.
Nichts ist vergebens,
wert jede Tat,
zählt für die Ewigkeit.
Aus ihr sind wir geboren,
zu ihr wir wieder gehn.
Was uns schien schon verloren,
dereinst wir wieder sehn.
In unsrer Hand liegt unser Leben,
dem unser Wille weist den Weg.
Gott kann uns nur die Richtung geben,
und seine Gnade hält den Steg.
Sie ist unendlich wie das Leben,
verzehrt sich nicht und hört nie auf.
In Liebe will sie Hoffnung geben,
sie dreht des Rades ewgen Lauf.*

Wiedergeburt

Angenommen von den Deinen,
spürst du nichts mehr von dem Weinen,
wenn schwingend durch des Tages Mühen
dunkle Wolken heimwärts ziehen.
Hin zum Licht, zum schönsten Scheine,
wer geht nicht mit sich ins Reine,
schreitet er durch diese Schwelle,
die dem Tode ist zur Stelle.

Alles neu kann nun beginnen,
ewig fließt des Lebens Kraft.
Gehen wir von hier von hinnen,
ist ein Teil davon geschafft.
Merklich ruhiger wird das Herz,
spürt nicht mehr den stumpfen Schmerz.
Ist getröstet ganz und gar
von der Liebe immerdar.

Gott, die Liebe, hält es fest,
nicht mehr los Er dich jetzt lässt.
Ruhig fließt der Bach im Licht,
ihm entgegen geht die Sicht.
Alles neu kann nun beginnen,
was sich eben erst erdacht
eine Seele ohne Sinnen
mit der Ahnung einer Nacht.

Grundlos lebt ein jeder nicht,
hat doch alles sein Gewicht,
ob Lieb, ob Freud,
ob Tod, ob Leid.
Alles spürt den ewgen Hauch
so wie deine Seele auch.

Alles willst du besser machen,
steigst erneut du aus dem Nachen,
wenn du hast den Strom durchquert,
der die Wiederkehr verwehrt.

Erst wenn alles ist vollbracht,
ob du's gut, ob schlecht gemacht,
schließt sich eng der letzte Reigen.
Wieder herrscht das ewge Schweigen.
Schließt dich ein in Licht, Verstehen,
bis wir uns einst wiedersehen.

Neu?

Du denkst, was du erlebst, ist neu
und du der erste Mensch,
der damit fertig werden muss?
Oh, weit gefehlt,
denn nichts ist neu,
da alles einmal schon gewesen.
Jede Freude, jedes Leid,
jedes Gefühl überhaupt,
jedes Problem, ob groß oder klein,
und auch jede Lösung dafür.
So war immer da jede Ursache
und darum auch jede Folge.
War vor dir da,
wird nach dir sein.
Für jede Frage ist da eine Antwort
und ist so alt wie das Leben.
Nein, nichts ist neu,
nicht einmal du selbst!

Menschliches Leben

Endlich nur ist menschlich Leben,
ist wie ein schwacher, kurzer Hauch,
der dem Bewusstsein Form gegeben,
grad so wie seiner Seele auch.
Es ist Bewegung, Strom, der fließt
und schließlich sich ins Meer ergießt.
So selbst sich endend wird es weit,
doch immer wieder auch bereit,
glückselge Sphären zu verlassen,
um sich erneut in Form zu passen.
Wie Regen erst die Quelle füllt,
dann weiter an zum Strome schwillt
und überfließt ins große Meer,
um aufzugehn in Dampf und Regen.
In diesem Kreislauf sich bewegen
der Mensch und alles Leben um ihn her.

Ernst des Lebens

Auch
in den ernsten
Dingen des Lebens
verbirgt sich ein Lächeln,
denn der Ernst ist das,
worin das Lachen
gründet.

Warum?

Warum lieb ich dich, mein Kind?
Nur, weil wir zusammen sind?
Hab ich dich nicht vielleicht gekannt
in andrer Zeit, in anderm Land?
Vom ersten Blick, der dich geschaut,
warst du mir wundersam vertraut.
Mein Herz erkannte deines wieder
und sang die uns vertrauten Lieder,
weil unsre Seele weiß, mein Kind,
wofür das Auge sehend blind.
Bracht so Erinnerung zurück
an längst vergangnes Lebensglück.
Im Traum ich sah, als wär es gestern,
wir waren einst geliebte Schwestern.
Mein ganzes Ich liebt dich so sehr,
wie damals, als wir Kinder.
Und keine Freude liebt dich mehr,
doch keine Trauer dich auch minder.

Lebenslauf in der Symbolik der Zahlen

Ein kleiner Mensch, er kommt zur Welt
hilflos und nackt und ohne Geld.
Er wächst an Körper und an Wissen,
die Welt, sie möcht ihn nicht mehr missen.
Und wie's so geht, im Handumdrehn,
da ist er auch schon gute zehn.

*Mit **zehn** weiß man schon allerhand,*
man hat Erfahrung und Verstand.
Von eins bis zehn steht nur das Ich,
man sieht die Welt bezüglich sich.

*Erreicht man **zwanzig**, welches zwei,*
kommt zu dem Ich das Du herbei.
Und um das einmal zu erproben,
kann man sich eben mal verloben.
Wie schön es ist doch so zu zwein,
man möchte gar nicht anders sein.

Mit zwanzig lebt man voller Drang
und ist auch selten einmal krank.
So eilig hat man's dann und wann,
dass man es nicht erwarten kann.
Man möcht es jetzt, man möchte alles,
nicht nur vielleicht im Fall des Falles.

So ist es auch schon vorgekommen,
dass man dem Leben weggeschwommen.
Doch holt es uns, so muss es sein,
auf jeden Fall schon wieder ein.

Die **Dreißig**, Drei, will Ausdruck geben,
von dem, was man erkannt im Leben.
Mit dreißig singt man, tanzt und lacht,
tut alles gern, was Freude macht.
Man liebt das Leben und die Liebe
und folgt so manchem schönen Triebe.
Die Drei, sie sieht des Lebens Breite
vor allem von der frohen Seite.

Doch unerbittlich naht die Vier
und zeigt den Ernst des Lebens dir.

Die **Vierzig**, Vier, heißt Arbeit, Pflicht
und gar nicht selten auch Verzicht.
Dabei schenkt sie Zufriedenheit,
war man zu geben stets bereit.
Voll Disziplin stellt sie die Weichen
für alles, was man will erreichen.
Sie schaut nach vorn, sie spart und lenkt,
weil sie an künftge Zeiten denkt,
und kann es manchmal auch nicht lassen,
mit Politik sich zu befassen.

Die **Fünf** bedeutet Freiheit pur,
für sie gibt es nicht Ordnung nur.
Sie sieht die vielen neuen Ecken,
die es nun gilt noch zu entdecken.
Man sieht die Welt mit neuer Lust,
mit viel Gefühl und ganz bewusst.
Man möchte sich oft so verhalten,
als könnt man alles neu gestalten.
Doch spätestens bei sechs erfährt
die Fünf, dass sie nicht ewig währt.

Mit **sechzig** sieht der Mensch nach innen,
er fängt nun an sich zu besinnen.
Wie war mein Leben, war es gut?
Und macht sich gleich schon wieder Mut
War doch nicht schlecht und denkt sich heiter,
ich mach in diesem Sinne weiter.
Er konzentriert in diesem Stile
sich voll und ganz auf die Familie
und steht auch sonst zu jeder Zeit
mit Rat und Tatkraft gern bereit.

Die **Siebzig** ist ein Meilenstein,
wie könnte es auch anders sein,
denn sieben ist die Zahl des Denkens,
der Wissenschaft und des Versenkens.
Sie setzt des Lebens starre Zwänge
in größere Zusammenhänge
und sucht die Antwort unsres Lebens,
doch manchmal tut sie's auch vergebens.
Was so ein Mensch nach siebzig macht?

Nun, nach der Sieben kommt die **Acht**,
und so ein Mensch, der macht sich
ganz einfach auf den Weg zur Achtzig.
Hat er die Achtzig erst erreicht,
gestaltet sich das Leben leicht,
denn eine Acht kann sich versorgen,
sie braucht sich nie etwas zu borgen.
Vor allem in geschäftlich Dingen
bedeutet sie ein gut Gelingen,
und steht die Acht vor einer Wahl,
entscheidet sie sich stets mental.

Die **Neun** möchte die Welt beglücken
und liebevoll ans Herze drücken.
Sie sieht sie mehr universell
und gar nicht individuell,
hat hohe Ziele und Ideale
und hat dabei schon viele Male,
weil sie so sehr darauf versessen,
aufs eigne Leben fast vergessen.
Wie grenzenlos ist ihr Erbarmen,
sie sieht die Welt mit offnen Armen.

Nach neunzig, neun, kommt stets die **Hundert**,
und so ein Mensch denkt sich verwundert,
wer ist so gut und sagt es mir,
wieso bin ich noch immer hier?
Wie kann das sein, wie kann es gehn,
hat man mich etwa übersehn?

Die **Hundert** ist doch wieder eins,
sie ist der Anfang allen Seins!
Muss ich vielleicht, ich bin von Sinnen,
dies alles noch mal neu beginnen?!

Ironie

Die Ironie nimmt gern auf's Korn,
was nun mal nicht entspricht der Norm.

Denn tut ein Mensch brav seine Pflicht,
dann interessiert's den Dichter nicht.

Er wird für ihn ja erst ergiebig,
wenn er sich eitel gibt und kiebig.

Poesie

*Ich weiß nicht recht, wie soll ich's sagen
und ohne gleich mich zu beklagen?
Ich frag mich nämlich oft ganz schlicht:
Wann ist es gut, so ein Gedicht?*

*Was gibt ihm Leben, gibt ihm Saft,
verleiht ihm Schwung, Gehalt und Kraft?
Warum wirkt manches Werk so öde
und stellt sich quer, zeigt sich gar spröde?*

*Als meine es: Lass mich in Ruh!,
was ich erschrocken dann auch tu.
Warum zieht mich von Anfang an
ein anderes in seinen Bann?*

*Raunt mir von Liebe, weisen Dingen,
die mir das Herz zum Singen bringen.
Und weint es mir auch zu den Schmerz,
so führt es doch mich himmelwärts,*

*wenn tief ich fühle in mir drin
der Silben rhythmisch, klingend Sinn.
Sie reichen mir die Hand zum Tanz,
und willig folge ich ihm ganz.*

*Geschliffnes Wort ist Leben nie,
wohnt nicht darin die Poesie,
des Herzens Tochter, für und für:
Denn Herz schließt Herz nur auf die Tür.*

Mein Leben

So schön hast du dir ausgemalt mein Leben,
mir vorgezeichnet alle Schritte.
Ich brauchte sie nur nachzugehn
und konnt es nicht.
Ein Weg, so schön und glatt,
dass mir scheint,
er ebne ein auch meine Ecken und Kanten,
mache gleich all das,
was besonders an mir
und schöpferisch und unverwechselbar
und mir so kostbar.
Ich muss gehen ganz auf meine Weise,
wie mühsam sie auch sei,
wie rau und steinig auch mein Weg,
denn anders ist mein Frieden leer und hohl
und sucht Erfüllung.
Und weit voraus eilt meine Sehnsucht mir
und nagt an meinem bisschen Glück.
Ich kann so nicht leben,
wie du es dir für mich erträumst.
Dein Weg ist nicht der meine,
denn ich kann wahrhaft glücklich sein nur dann,
wenn ich folge meines Herzens Stimme
und ihr Gehör verschaffe in der Welt
und sichtbar werden lasse ihre Spur.

Ich bin

Ich bin Leben und Liebe
und Lachen und Licht.
Glücklich gehe ich meinen Weg.
Ich umarme das Leben.

Ich sehe Krieg, ich sehe Verderben,
ich sehe Krankheit und Tod,
Traurigkeit und Dunkelheit.

Ich sehe all dies und noch mehr.
Ich sehe es, aber ich nehme es nicht an.
Das bin nicht ich!

Ich bin Leben: Leben ist ewig!
Ich bin Liebe: Unüberwindlich!
Ich bin Lachen: Frohsinn befreit!
Und ich bin Licht: Das alle Schatten auflöst!

Was willst DU sein?
Du bist Teil dieser Erde
und so bedeutend für ihr Schicksal.
Deine Gedanken, deine Gefühle gestalten sie.
Deine Sehnsucht, dein Glauben formen sie.

Sind deine Gedanken auf das Leben gerichtet?
Glaubst du an die Kraft der Liebe?
Reinigst du deine Seele im Lachen?
Dann umarmst du das Leben,
und das Leben umarmt dich.
Du lässt das Licht in dich eindringen
und strahlst es selbst aus.

Durch DICH ist diese Welt

liebevoller,
lebenswerter,
froher
und heller.

Denn du bist Leben und Liebe
und Lachen und Licht.

Die Rose

Die Rose
kümmert nicht
der Ort,
an dem sie blüht.
Sie blüht einfach.

Denn die Bestimmung
der Rose ist,
zu blühen und zu duften.

Im Duft
verströmt sie ihr Leben.
Und so blüht
und duftet sie
und stirbt,

sich
erfüllend.

Macht der kleinen Schritte

*Das, was du willst, beginne im Heute,
warte nicht endlos auf hilfreiche Leute.
Wart nicht auf kommende, bessere Zeiten
und nicht auf künftige Möglichkeiten.
Sage nicht, hätte ich, wäre ich, wenn,
sondern des Heute Bedeutung erkenn.
Kannst du die großen Taten nicht tun,
dann wart sie nicht ab, um dich auszuruhn.
Beginn, wo du bist, und sei es im Kleinen,
mag es vielleicht auch unscheinbar scheinen.*

*Denn, was du heute kannst besorgen,
das ebnet dir den Weg für morgen,
weil durch der kleinen Schritte Breite
sich dir erschließt des Lebens Weite.
Aus jeder Tat, die du geschafft,
bereichert sich des Innern Kraft.
Schenkt Hoffnung dir auf Wohlergehen,
lässt dich das Leben heiter sehen.
Macht dich bereit für größre Taten,
lässt alles dir zum Wohl geraten.
Denn, wer da hat, dem wird gegeben,
so lautet das Gesetz im Leben.*

Tote Hose

Zum weisen Doktor kommt ein Mann,
der nichts zu Stande bringen kann.
Er habe nur noch tote Hose,
und ihm gefällt nicht diese Chose.

Der Doktor nickt: Ach, guter Mann,
wir kommen alle irgendwann
in diese unerwünschten Jahre.
Es wächst der Bauch, es fliehn die Haare.

So ist es halt mit uns bestellt,
kein Mensch wird jünger auf der Welt.
Es ist, wie's ist, mein werter Herr:
In diesem Alter geht nichts mehr!

Der Mann jedoch, ganz konsterniert,
sofort dagegen protestiert:
Das stimmt so nicht, Herr Doktor, denn,
mein bester Freund und Kumpel Fred,

der sagt, dass einmal noch pro Woche geht!
Der Doktor lächelt: Na . . . und wenn . . . !
Worte sind wie Schall und Rauch,
sagen . . . können Sie's . . . doch auch!?

AUTOmatisch

Ich fuhr im Auto so für mich hin,
nur holde Klänge hatt ich im Sinn.
War in Gedanken schon bei meinem Chor
und hatte wirklich nichts Böses vor.

Ich fühlte mich wohl, ich fühlte mich frei
und das Radio spielte dabei.
Es spielte so flott, es spielte so schön,
da ließ ich mich einfach gedankenlos gehn.

Der Rhythmus vom Radio, er ging mir ins Blut,
da fuhr es sich gleich noch einmal so gut!
Doch nicht nur das Auto, es fuhr wie gemein
der fetzige Rhythmus ins Bein mir hinein

und gab nicht eher hier endlich die Ruh,
bis wippte der Fuß im Takt mit dazu.
Das kam wie beinahe automatisch
und war an sich nicht problematisch,

denkt doch nicht immer nur das Schlechte!,
wärs nicht gewesen grad der rechte
und hätt der Fuß nicht übertragen
die tolle Stimmung auf den Wagen!

Mein Auto und ich, wir freuten uns sehr,
so rollten wir tanzend und singend daher.
Doch leider wars hier wie immer im Leben,
macht zwein etwas Spaß, steht einer daneben,

der nur darauf aus ist zu torpedieren
und unverhofft blitzend zu fotografieren.
Er stellt dich nicht offen, will keine Gewalt,
schlägt klammheimlich zu aus sicherem Halt.

Sagt nicht einmal „Please"
oder lächeln Sie „Cheese"!
Die Sache ist mir da nicht ganz geheuer,
weil ich es ahne: Dieses Foto wird teuer!

So kann ich nur inständig hoffen,
ich bin gut getroffen.

Sonett?

Ich trage eigentlich nicht gern Korsett.
Es passt nicht mehr in unsre freie Zeit
und fühlte mich deshalb auch nie bereit,
gedanklich mich zu zwängen ins Sonett.

Weil mir zu streng und steif der Silben Bett
erscheint, zu enganliegend dieses Kleid.
Am Kleid zu leiden bin ich wirklich leid!
Obwohl - ich gebe zu, es wirkt adrett

und kokettiert mit seiner eignen Strenge,
die es sich selbst höchst kunstvoll raffiniert,
wenn es die Taille schmält, den Busen modelliert

und dann den Rock betont in kurzer Länge.
Das Kleid macht schon was her, ich bin nicht stur,
da es erstaunlich gut für die Figur!

Imagination oder Bildnis einer Dame

Was ich las von ihr, das hatte
Form und Aufbau und auch Stil,
trug korrekt Kleid mit Krawatte.
Niemals sagte sie zu viel.

Leise und poetisch milde
drückte sie sich immer aus,
ließ die leidenschaftlich Wilde
wohlerzogen stets zu Haus.

Aus dem Hehren, das sie schrieb,
formte sich im Zeitenlauf
bildhaft sie und unvergesslich blieb:
Bei der Taille hört sie auf.

Zwischen dort und ihren Füßen
gabs nichts, was der Rede wert,
Wollt ihr Leben sie versüßen,
trank sie Tee, was nicht verkehrt.

Altersmäßig „weder noch".
Schlicht die Haare und das Mieder,
Brillengläser und -gestell.
Was sie gern trug, brav und bieder,
roch
nach Katze und Flanell.

Ist es dir eigentlich bewusst?

*Ist es dir eigentlich bewusst,
dass du eine ganze Woche deines Lebens
vergeudest, wenn du schon am Montag
voll Ungeduld auf das Wochenende wartest?
Du lässt Tage einfach sterben, die von dir
mit Leben gefüllt werden wollen, denn jeder
neue Tag ist ein Geschenk Gottes -
nur für dich.*

*Packe dieses Geschenk doch aus und
entdecke mit Freude, was es bereithält.
Erlebe es nicht nur als notwendiges Übel,
das dich dem ersehnten Wochenende
näherbringt. Gib vielmehr jedem Tag
die Bedeutung, die er verdient!*

*Erinnere dich, jeder Tag ist ein Stück
deines unverwechselbaren, wunderbaren
Lebens und kommt genau so nicht wieder.
Willst du am Ende einmal sagen müssen:*

*Ich hab doch noch gar nicht richtig gelebt!?
Mein Leben war zu kurz, denn es bestand nur
aus Wochenenden und dem Warten auf sie.*

*Ist es dir bewusst? Es ist dein LEBEN!
Leben findet auch zwischen Wochenenden statt.*

Weißt du, was das heißt?

Weißt du, was das heißt,
immer nur allein zu sein
und niemals mehr zu zwein zu sein,
vergessen, einsam, leer?

Weißt du, was das heißt,
allzeit nur im Schatten stehn,
die Welt nie voller Licht zu sehn,
das Herz von Tränen schwer?

Weißt du, was das heißt,
abseits stets am Rand zu gehn,
nie mit im vollen Kreis zu stehn,
niemand, der von dir weiß?

Weißt du, was das heißt,
Gefangner in dir selbst zu sein,
verloren, ohne Sonnenschein,
nur voller Angst und Pein?

Weißt du, was das heißt,
voll Sehnsucht nach dem Licht zu sein,
nach einer Liebe, stark und rein,
der Hand, die deine hält?

Weißt du, was das heißt,
krank zu sein in einer Welt,
die Eigennutz zusammenhält,
nur Kälte, Hass und Neid?

Weißt du, was das heißt,
zu leben ohne Sinn und Halt,
umringt von Argwohn und Gewalt,
weißt du, was das heißt?

Weißt du, was das heißt,
heimatlos zu sein und fremd,
wenn niemand deinen Namen kennt,
so hoffnungslos verlorn?

Weißt du, was das heißt,
wenn dir dein Tag zerbricht am Streit
und schal und bitter schmeckt die Zeit,
weißt du, was das heißt?

Weißt du, was das heißt,
arm zu sein in einer Welt,
die nur regiert Gier, Macht und Geld,
weißt du, was das heißt?

Weißt du, was das heißt,
wenn Traurigkeit in dir gefriert
und warm ein Lächeln dich berührt
und auch ein liebes Wort?

Weißt du, was das heißt,
sich sehnen nur nach Zärtlichkeit,
zu fliehen aus der Einsamkeit
und suchen nach dem Glück?

Weißt du, was das heißt,
zu leben in Geborgenheit,
in Wärme und Zufriedenheit,
in Glauben und Vertraun?

Weißt du, was das heißt,
in Liebe fest verbunden sein,
einander treulich nah zu sein,
was immer auch geschieht?

Weißt du, was das heißt,
dem andern Trost und Quell zu sein,
und immer für ihn da zu sein,
in Traurigkeit und Not?

Weißt du, was das heißt,
sich geben voll Barmherzigkeit,
in liebevoller Dankbarkeit,
voll Demut und Geduld?

Weißt du, was das heißt,
sich freuen, was auch kommen mag,
an jedem wieder neuen Tag
und stets zufrieden sein?

Weißt du, was das heißt,
gelassen sein, voll Heiterkeit,
in liebevoller Duldsamkeit
und Frieden in dir selbst?

Weißt du, was das heißt?
Weißt du, was Leben heißt?

Die Cäcilienmesse oder Die Chorprobe

*Es zeigte einst ein Mann Interesse
an der Cäcilien ihrer Messe
und kam zur Aula, um zu lauschen,
an Harmonien sich zu berauschen,
am Abend vor der „Großen Probe",
noch ohne Kostüm und festliche Robe.*

*Er hörte, dass heftig geprobt,
geschimpft und sogar gelobt,
dass immer und wieder gesungen,
bis ihm die Ohren schon geklungen.*

*Als man ihn fragte: Würd sich's lohnen,
dem Konzerte beizuwohnen?
Gab er zur Antwort, prinzipiell schon
und ihm sehr gefielen Worte und Ton.*

*Wiewohl Musik und Gesang zu empfehlen,
könne er nicht die Besorgnis verhehlen,
dass vorn der Mann erheblich störe,
wobei das Werk an Wert verlöre.*

*Er sähe schwarz für das Konzert,
würd dieser Mann nicht weggesperrt.
Und meinte dann - sichtlich bedauernd:
Ließ er die Sänger einfach singen,
würd wunderschön die Messe klingen,
doch der unterbricht sie ja dauernd.*

Siegerländer und Wittgensteiner

Der Mensch lacht gern und das ist gut,
weil's Leib und Seele stärken tut.
Doch lacht im Westen wie im Osten
am liebsten er auf andrer Kosten.
Auch zeigt sich reichlich der Humor,
kommt Dummheit bei den andern vor.
Ob nun Ostfriesen, ob Blondinen,
sie alle mussten dafür dienen,
weil der, der über andre lacht,
sich selber sichtbar schlauer macht.

Ein Siegerländer namens Hein
traf mal den Ernst aus Wittgenstein.
Im Kino war's, man gab zum Besten
nen tollen Film vom wilden Westen.
Dort kämpfen - so sind die Statuten -
die Bösen immer mit den Guten,
und bis zum Happyend am Schluss
kracht manche Faust und mancher Schuss.
Es gibt Verletzte und auch Tote,
und dann heult meistens der Kojote.

Die Heldin greift sich an ihr Mieder,
erbebt und sinkt ohnmächtig nieder.
Doch ist als Mann für alle Fälle
auch hier der Held sofort zur Stelle
und zieht, als hätte er's gewusst,
sie männlich forsch an seine Brust.
Nur kurz hält er sie voller Glück,
dann muss er in den Kampf zurück,
denn wohlverdienten Lohn
gibt's erst am Ende der Mission.

Als grad der Held, so schnell wie nie,
saust mit dem Gaul durch die Prärie,
spricht Ernst, der Schalk aus Wittgenstein,
zu seinem Reihennachbarn: „Hein!
Was wolln wir wetten?
Der wird sich gleich im Dornbusch betten!"
Da scheut das Pferd, und unser Held
kopfüber in den Dornbusch fällt.
Hein staunt, und er bewundert
den Ernst als Seher vom Jahrhundert.

Ernst fühlt sich toll, Ernst fühlt sich froh,
voll Großmut sagt er daher: „Joo...,
ich muss gestehn,
dass ich den Film schon mal gesehn."
Angeregt von dem Bekenntnis,
macht Hein dem Ernst nun ein Geständnis:
„Auch ich sah diesen Film zuvor, doch dass der Held
heut wieder in den Dornbusch fällt,
hätt ich (Dass mir jetzt keiner lacht!)
im kühnsten Traume nicht gedacht!"

Und ihr, die ihr jetzt hochgemut
die Heins der Welt belächeln tut,
vielleicht ja war - nehmt's mir nicht krumm -
die ganze Sache anders rum?
Vielleicht hieß Ernst ja Hein
und kam aus Wittgenstein?

Verstehen

Nie verstehst du den andern so ganz,
wie sehr du dich auch mühen magst,
wie groß auch deine Anteilnahme.
Denn du bist niemals ich,
und was du fühlst, das weißt nur du,
und was ich fühle, weiß nur ich.

Nur ich kann voll ermessen
meinen eigenen Schmerz, mein eigenes Glück,
denn ich fühle sie in meinem Innern
auf meine nur mir eigne Weise.
Sie sind mein,
so wie mein Leben mir gehört und niemals dir.

Keiner kann es mir abnehmen
oder die Verantwortung dafür.
Ich bin ich und du bist du,
und so kann ich mich nur fühlen
und um mich wissen,
wie du dich nur fühlen
und um dich wissen kannst.

Und wenn ich sage, ich fühle mit dir,
ist's ein Versuch, dich zu erfühlen,
denn was auch immer in dir sei
an Schmerz und Glück,
kann in mir nur finden virtuellen Widerhall,
aller eingebrachten Liebe
und allem Verständnis zum Trotz.

So entsteht in mir ein künstliches Gefühl,
das mein Verstand mir schafft.
Klingt wie ein Widerspruch in sich?
Genau das ist es auch.

Es beweist die tatsächliche Getrenntheit
des Individuums vom anderen,
trotz aller inneren Verbundenheit der Schöpfung.
Ein Fehler im System? Oh, nein!
Sieh es an als eine Gnade,
die es dir ermöglicht,
gelassen und heiter zu leben.

Niemand könnte auf Dauer alle Schmerzen
und alles Glück der anderen ertragen,
ohne daran zu zerbrechen.
Denn was geschieht,
wenn ein System überlastet ist?
Es bricht zusammen!

Mensch und Natur

Danke Gott für alle Gaben,
die Er deinem Tische gibt.
Dass du dich daran kannst erlaben,
das ist nur so, weil Er dich liebt.

Dass du erhalten kannst dein Leben,
muss anderes sich opfernd geben.
Erst ganz am Ende, welch ein Glück,
gibst deinen Beitrag du zurück.

Du führst, wenn auch den Körper nur,
zurück dem Kreislauf der Natur.
Die Seele bleibt, sie dauert an,
zieht weiter ihre Lebensbahn.

Auch sie braucht Nahrung, Stärkung, Licht,
braucht Schönheit, Liebe und mehr nicht.
Sie labt sich an der Rose Farbe,
an ihrem Duft, an ihrem Glühn,
erfreut sich an des Weizens Garbe,
an Schönheit sich ganz ohne Mühn.

Nimm an den Platz auf dieser Welt,
wo Gott dich einst hat hingestellt.
Sieh all die Schönheit um dich her,
sieh Sonne, Berge und das Meer.

Im großen Schauspiel der Natur
bist du ein kleines Teilchen nur,
und doch wärst du gar nicht erst hier,
läg Gott nicht sehr viel auch an dir.
So nimm denn freudig an dein Leben,
das Gott dir ganz bewusst gegeben.

II.   Von Entscheidungen und Beziehungen

Angebot für einen Engel

Ich wünsch dir 'nen Engel,
den besten der Welt!
Damit er dich schützet,
behütet und hält.

Ich wünsch dir 'nen Engel,
der wegküsst die Tränen
und mit seiner Liebe
dir stillt jedes Sehnen.

Ich wünsch dir 'nen Engel,
im Tag wie im Traum,
um dich zu begleiten
durch Zeit und durch Raum.

Ich wünsch dir 'nen Engel,
so einen wie dich.
Ein Engel auf Erden,
das bist du für mich.

Ich wünsch dir 'nen Engel.
Lässt dein Herz mich ein,
dann will ich von Herzen
der Engel dir sein.

Nur Gedanken?

Nicht zu fangen sind Gedanken,
halten sich an keine Schranken.
Hüpfen hier und hüpfen dort,
und schon sind sie wieder fort.
Lassen sich nicht ordnen ein,
wollen unabhängig sein.
Jeder denkt zuerst an sich,
nicht ans andersdenkend Ich.
Möchten nur im Zentrum stehen,
um das sich alle andern drehen,
und machen ausgelassne Hatz
um diesen allerbesten Platz.
Ein jeder meldet sich zu Wort
und ist doch gleich schon wieder fort,
verdrängt von einem andern schlanken
und dadurch schnelleren Gedanken.
Ich schaff es nicht, sie festzuhalten!
Wie kann ich so etwas gestalten?
Wie kann ich, wenn Gedanken fliegen,
jemals etwas zustande kriegen?

Ich brauch ja alle, aber leise
und auf die richtge Art und Weise.
Uneinig sind sie mir nichts wert,
sind fast so wie ein kalter Herd.
Einer allein und davon viele,
die bringen mich niemals zum Ziele.
Doch säßen sie auf einer Schnur
und redeten nach Ordnung nur,
wie gut könnt ich sie alle sehen
und ihren Beitrag auch verstehen.

*Ein jeder könnte so erglänzen
und doch die anderen ergänzen,
und jeder wär gemeinsam stark,
denn hundert Pfennig hat die Mark.
So kommt kein Individuum
um die Gemeinschaft je herum!*

Tor zur Fülle

*DU bist das Tor zu deiner Fülle,
und bei DIR liegt der Schlüssel dafür.
Halte das Tor nicht verschlossen,
indem du dich selbst beschränkst.
Öffne es, indem du dich zulässt
in all den Fähigkeiten,
die Gott dir mitgegeben hat,
in all den Möglichkeiten,
die er bereithält.*

*Gottes Möglichkeiten sind unbegrenzt
und dadurch auch unsere.
Bitte nicht um eine Kleinigkeit,
wenn du um ALLES bitten kannst!*

*Um uns zu verwirklichen, müssen wir
viele Hindernisse überwinden.
Für Gott aber gibt es keine Unmöglichkeiten
und keine Hindernisse.
Wenn wir uns Gottes Willen
voll und ganz anvertrauen,
räumen wir das größte Hindernis
in unserem Leben beiseite:
uns selbst!*

Recht(s)streit

Gerechtigkeit, das ist die Waage,
mit der der Geist die Sache misst.
Ist Überlegung und die Frage,
was höher zu bewerten ist:
die linke oder rechte Seite.
Darum es geht in diesem Streite.

Die linke logisch denkt und handelt,
die rechte dunkle Wege wandelt.
Sie nutzt die Ahnung, den Instinkt,
wenn der Verstand nicht weiterbringt.
Was sie auf diese Art erfährt,
die linke rational erklärt.
Die linke für die rechte denkt,
die ihrerseits die linke lenkt,
ganz unbewusst und impulsiv,
selbst wenn der ganze Körper schlief.
Ich kann mich einfach nicht entscheiden,
wer besser ist von diesen beiden.

Ich denke, man am besten fährt,
wenn man die Sache so erklärt:
Hätt jeder Mensch nur linke Seiten,
so merkte er gewiss beizeiten,
dass er auf einem Fuß nur steht,
es fehlt ihm die Stabilität.
So ist es hier gar keine Frage:
Nur rechts plus links hält sich die Waage!

Wir-Sein

Du willst du sein. Ich will ich sein.
Lass mich auf dich, du dich auf mich ein.
Ich will in dir und du in mir sein.
Solch dreimal Du, solch dreimal Ich,
das erst ist Wir-Sein.

Der Liebe voll

Gemeinsam sitzen wir in unserm Hort
und keiner von uns
spricht ein Wort.

Doch lächelnd unsre Blicke zeigen,
es ist ein Liebe volles
Schweigen.

Profilierungen

Ein jeder tut's, ob Frau ob Mann,
und profiliert sich, wo er kann.
Doch wenn man liebt, zum eignen Glück,
da rückt man gern ein Stück zurück.

Man hält sich selbst etwas im Zaum
und gibt dem andern Menschen Raum.

Denn Liebe lebt nicht nur von Küssen,
nein, auch von vielen Kompromissen!

Vatertag

Ob man es will, ob man es mag,
für alles gibt's nen Jahrestag.
So kommt auch früher oder später
in jedem Mai der Tag der Väter.
Erscheint in jedem Jahre wieder
wie laue Luft und weißer Flieder,
um uns Gelegenheit zu schenken,
allein des Vaters zu gedenken.

Ein Vater, nun, das ist ein Mann,
an den man stets sich wenden kann,
der Nahrung, Kleidung, Wärme gibt,
weil er sein Kind von Herzen liebt.
Der ein Zuhause ihm bereitet
und es ein Leben lang begleitet,
ihm Freund und Lehrer ist zugleich;
ein Vater macht das Leben reich.

Dem Kind ist er Geborgenheit
in guter wie in schlechter Zeit.
Und gäb's ihn nicht, bei meiner Treu,
man müsst ihn so erfinden neu.
Am Vatertag man eher sagt,
was man sonst nicht zu sagen wagt
und gerne vor sich her man schiebt:
Ich bin sehr froh, dass es dich gibt!

Der Untreue

Gar flüchtig manches Mannes Wesen,
er sucht die Lust nur und den Spaß.
So ist es vielerorts zu lesen
und dass stets er sich selbst das Maß.

Was weinst du Tränen, kleine Frau?
Hab doch gesagt dir, wie ich bin.
Dass ich nicht treu, weißt du genau,
hatt' derlei Dinge nie im Sinn.

Voll Leichtigkeit ist mein Gemüte.
Es haftet nicht am Herzen fest
und fliegt beschwingt zu jeder Blüte,
die lohnend sich erspähen lässt.

Sag, warum weinst du, kleine Frau?
Du bist nicht schuld an deinen Tränen.
Du weißt, manch Mann ist schwach - und schau,
zu schwer ihm deiner Liebe Sehnen!

Doch lächle, kleine Frau, noch unter Tränen,
die Sonne auch für dich bald wieder scheint.
Du wirst dich an der Liebe Schulter lehnen,
wenn er dann aus der Liebe Kummer weint.

Die zweite Frau

*Ich seh dich von der Seite an,
schon eine Zeit bist du mein Mann.
Als deine Frau du hast verlassen,
da konnte ich mein Glück kaum fassen.*

*Doch jetzt kommst du oft spät nach Haus
und redest dich mit Arbeit raus.
Es träufeln Gift und leisen Schmerz
mir Angst und Zweifel in das Herz.*

*Zu gut weiß ich noch ganz genau,
wenn treu dein Blick auf mich jetzt schaut,
wie du belogst die erste Frau.
Auch sie hat damals dir vertraut.*

*Bin ich bald so wie sie allein?
Nie werde ich ganz sicher sein.*

Mitgefühl

*Verdunkle nie aus Mitgefühl
mit dem Leid anderer dein eigenes Leben.
Sei lieber du der Sonnenstrahl,
der in ihre Dunkelheit leuchtet.*

*Erfreue dich an deiner Sonne,
auch wenn woanders Sonnenfinsternis herrscht.*

Vergib

Ich bitte dich,
hast du gefehlt an mir,
verwende es nicht gegen mich!
Lass mich nicht spüren
dein Gefühl von Schuld,
denn das hieße
zweifach mich zu treffen.
Vergib,
dass ich der Stein,
an dem du dich gestoßen!

Und tat ich etwas dir zum Nutzen,
verwende es nicht gegen mich!
Lass mich nicht spüren
dein Gefühl von Schuld,
es würde uns entfremden nur.
Ich bitte dich,
vergib,
durch einfach dich daran zu freuen,
denn was ich tat,
tat ich
bedingungslos.

Kompliment

Hast du's gemeint, wie ich's verstehe,
oder ist's falsch, wie ich es sehe?
Wie ich es jetzt auch immer meine,
vielleicht ist das ja nicht das Deine?!
Auf einmal eine Welt uns trennt,
dabei ist's nur ein Kompliment!

Schicksal?

Das, was du bist, bist du gewesen.
Das, was du sein wirst, lebst du jetzt.
Vergangner Taten Sinn gelesen,
dir Gegenwart und Zukunft setzt.
Geformtes Leben ist dein Schicksal,
da kein Geschehen ohne Sinn.
Bedeutung liegt in jedem Zu-Fall,
führt niemals blind durchs Leben hin.

Das, was du denkst, das wird dein Wesen.
Das, was du gibst, wird dir zuteil.
So ist es allezeit gewesen,
bringt dir Verderbnis oder Heil.
In deine Hände ist's gegeben,

entscheide jetzt, entscheide gut,
weil alles, was du bist im Leben,
auf Ursache und Wirkung ruht.
Gottes Gesetz ist wirksam hier,
erfüllt sich immer, auch an dir.

Es duftete süß der Jasmin

Es war Mai, ein Vogel sang,
als die Liebe mir ins Herze drang,
und es duftete süß der Jasmin,
es duftete süß der Jasmin.

Deine Stimme war warm wie die Frühlingsnacht,
und dein Mund hat zärtlich mich angelacht,
und es duftete süß der Jasmin,
es duftete süß der Jasmin.

Deine Augen so tief und blau wie das Meer
und die Luft war von Sehnsucht voll und schwer,
und du hieltest ganz fest meine Hand,
als ich meine Liebe gestand,
und es duftete süß der Jasmin,
es duftete süß der Jasmin.

Nach Jahren noch denke ich gerne zurück
an innige Stunden voll Liebe und Glück,
und es ist keine Spur von Wehmut dabei,
fühl ich deinen Blick wie damals im Mai.

Noch immer duftet so süß der Jasmin.
Noch immer duftet so süß der Jasmin.

Des Schicksals Bälle

*Das Schicksal spielt dir Bälle zu
in allen Farben, Formen, Chancen.
Es macht dir jeden Tag Avancen,
und wer im Tor steht, das bist du.*

*Was du nicht auffängst, geht daneben,
bist oft nicht schnell genug im Lauf.
Rollt einer weg, dann bück dich eben
und hebe ihn vom Boden auf!
Nimm dir ruhig Zeit, doch nicht zu viel.
Es gibt im Leben viele Wandrer
und alle spielen mit im Spiel.
Was du nicht nimmst, nimmt sich ein andrer.*

Der Weg zu dir

*Alles von Menschen Gemachte ist nicht von Dauer,
nicht vollkommen und kann es niemals sein.*

*Irgendwo gibt es deshalb in unserem Leben
immer wieder Trümmer, die im Wege liegen
und scheinbare Sackgassen schaffen.*

*Auf dem Weg wohin? Dem Weg zu dir!
Von Mensch zu Mensch,
weil der Mensch für den Menschen lebt,
für die Liebe, aus der Liebe, durch die Liebe.*

*Nichts ist deshalb unüberwindlich und alles möglich,
denn die Quelle der Liebe fließt und fließt.
Unerschöpflich und ewig.*

Jung und plötzlich

*Sie war so jung
und musste doch
ganz plötzlich
gehn.*

*Ich denk an dich.
Ich sollte dich
mal wieder
sehn.*

*Ich ruf dich an.
Morgen?
Heute?
Nein!
Lieber gleich.*

Nur Kalkül?!

*Manch Freundlichkeit
hat kein Gefühl,
ist herzlich nicht
und nur Kalkül.*

*Bevor man schenkt
Vertrauen,
sollt Herz ins Herz
erst schauen!*

Nachsicht

Ein Mensch hat endlich es geschafft
und sich zum Handeln aufgerafft.
Was ihm auf diese Art gelungen,
führt er nun vor - ganz ungezwungen.
Sein Auge glänzt, sein Mund er lacht,
weil stolz er ist, was er vollbracht.

Er zeigt sein Werk mir voll Vertrauen
mit hochgezognen Augenbrauen.

Für jedes Lob ist er bereit,
doch ich hab dafür keine Zeit.
Fühl mich gestört, bin nicht erfreut
und reagier deshalb zerstreut.

Was ich da seh, gefällt mir nicht,
ich sag's ihm deutlich ins Gesicht.
Sein Auge zuckt, er schweigt verletzt,
sein heitrer Sinn ist ihm zersetzt.
Es ist ihm deutlich anzuschauen,
restlos zerstört ist sein Vertrauen.

Warum hab ich nicht gleich bedacht
des unbedachten Wortes Macht?
Wie gern nähm ich es jetzt zurück
und hätte unser altes Glück.
Nie wäre so etwas passiert,
hätt ich mit Nachsicht reagiert.

Voll Scham senk ich die Augen nieder
und seh den Stein des Anstoß' wieder.
Und merke so bei zweiter Sicht,
dass gar so schlecht sein Werke nicht.

So war an dieser Sache schuld
nur Unverstand und Ungeduld.

Mann oder Hund?

Fehlt's der Wohnung sehr an Platz,
und du musst dich jetzt entscheiden,
ob du Hund wählst oder Schatz,
kannst sie aber gleich gut leiden?

Wie verhält sich denn ein Mann,
kommst nach Haus du später
als geplant? Ich wett, dann steht er
vorwurfsvoll und stellt sich an.

Doch! Je später deine Stund,
desto mehr freut sich der Hund!
Friedlich lebst du, glaube mir,
wählst statt Mann du zahmes Tier.

Appell an dich oder das Gehirntraining

Und schon wieder was vergessen?
Bald vergisst du noch zu essen!
Gar kopflos läufst du oft herum,
als wär da oben gar kein Mumm.

Mein lieber Mensch, es ist ein Graus,
wie hältst du dich nur selber aus?
Ich mach mir wirklich große Sorgen,
denk ich dabei an Übermorgen.

Denn solche Sachen werden immer
mit jedem Tag ein bisschen schlimmer.
Warum gönnst du nicht deiner Birn
das Jogging-Wunder fürs Gehirn?*

Und mit ein wenig Fleiß und Glück
drehst du den Lauf der Zeit zurück.
Ein Viertelstündchen gönne dir,
vielleicht macht's dir sogar Pläsier?

Doch nicht nur einmal - jeden Tag!
Und klappt's nicht gleich, so nicht verzag!
Denn manches geht, ganz unbenommen,
genau so langsam, wie's gekommen.

Der Rest von dir ist eh schon fit,
nimm dein Gehirn doch dabei mit!
Das möchte voller Lust vibrieren
beim philosophischen Sinnieren.

Möcht übermütig Haken schlagen,
anstatt sich dauernd zu beklagen:
„Nimm's mir nicht krumm,
die Langeweile bringt mich um!"

Es möchte glänzen - ja, brillieren,
und manchen Geistesblitz verlieren.
Und gelingt ihm mal ein Trick,
gibt das ihm einen Extra-Kick.

Knobeln möcht es, repetieren,
multiplizieren, dividieren,
möcht lernend denken, denkend lernen -
hier verknüpfen, dort entfernen.

Möchte bewusst sein, voller Leben
und einfach nur sein Bestes geben.
Arbeit satt und Übung pur,
das ist seine Devise nur.

Trainierst du täglich das Mentale,
machst du im Kopf Salto Mortale.
Gelingt es dir, bist du unsagbar
unwiderstehlich und unschlagbar!

*Denksportübungen

Schiedsrichter

Nicht nur der Spieler hat es schwer,
nein, auch sein Richter, bitte sehr!
Sekundenschnell muss er entscheiden,
worunter viele Tausend leiden.
Ergreift er für die Ein' Partei,
ruft's Unmut anderswo herbei.
Niemals macht er es allen Recht,
auch die Bezahlung eher schlecht.
So kann es gar nicht anders sein,
der Schiri ist ein armes Schwein!

Wicklermännchens Klage
oder der Duft der Frauen*

Ach, du verwirrst mir die Hormone
durch deine tollen Pheromone!
Schon meilenweit ich diese wittre,
dass vor Erregung ich erzittre.

Von deinem Dufte so beflügelt,
eil ich zu dir hin - ungezügelt.
Im wahrsten Sinn flieg ich auf dich.
Mein Wicklerweibchen! Liebe mich!

Anstatt in deiner Liebesgrotte,
fühl ich mich dann wie eine Motte,
die angelockt wird von dem Licht,
doch findet die Erfüllung nicht.

Erwartungsvoll gefühlte Lust
wird plötzlich ganz realer Frust.
Statt deines Leibes warmem Täschchen
empfängt mich nur ein kaltes Fläschchen.

In meiner Liebe so beschmutzt,
fühl ich mich einfach nur benutzt.
Es sollten Männer nie vertrauen
alleine auf den Duft der Frauen.

** Weinbauern schützen ihre Rebstöcke vor dem Schädling Traubenwickler durch den Einsatz von Sexuallockstoffen, den so genannten Pheromonen.*

Kleiderkauf oder die Qual der Wahl

Damit sie gut gefallen kann,
zieht eine Frau sich gern schön an.
Ja, so ein Kleiderkauf ist schwer,
deshalb muss ein Berater her.
Als den nutzt Frau so dann und wann
auch mal den eignen Ehemann.

Sie schwelgt in Kleidern, zieht sie an
und zeigt kokett sich ihrem Mann,
dreht sich vor ihm nach allen Seiten -
sie hat Geschmack, nicht zu bestreiten.

Im Roten strahlt sie Leidenschaft,
das Gelbe macht sie mädchenhaft,
das Blaue kühl und elegant,
so kommentiert er sie galant.
Im Weißen wirkt sie sportlich-frisch,
im Schwarzen sehr verführerisch.

Die Komplimente hört sie gerne,
doch die Entscheidung liegt noch ferne.
Wie wär's mit diesen hier aus Seide?
Vielleicht nehm ich auch alle beide?
Mein lieber Mann, entscheide dich,
wie siehst du denn am liebsten mich?

Er denkt ans Geld und sein Geschick
und was sich sonst noch lohne
und sagt ihr dann mit Kennerblick:
am liebsten gänzlich ohne!

Abfuhr

*Voll Leidenschaft
wollt er sie lieben,
doch sie hat gleich
ihn abgeschrieben.*

*Jetzt steht er da,
total perplex.
Er wollt zwar auch,
doch nicht nur Sex.*

*Nun weiß sie nicht,
was ihr entgangen,
hätt sie mit ihm
was angefangen!*

III.   Von Fragen, Antworten und Erkenntnis

Mutter Erde

Ich spüre die Sehnsucht in mir,
zu sehn, was verborgen.
Ich spüre die Sehnsucht in mir,
zu ergründen,
was Wahrheit und Schein.

Und fühle die Kraft der Natur
zerbrechlich unüberwindlich,
herausfordernd besänftigend,
verletzend heilend,
zerstörend erneuernd.

Mutter Erde,
wir glauben ihr Herr zu sein
und sind es nicht.

Ich spüre die Hoffnung, so grün,
als Balsam in meinem Herzen.

Erde ist Leben.
Natur ist Leben.
Wir sind Leben.

Immer gültiges Versprechen.
Leben ist ewig.

In mir Gewissheit.

Am Himmelstor

Ein Mensch kam einst zum Himmelstor,
doch Petrus hielt den Riegel vor.
Der Eintritt hier ist dir verwehrt,
weil du hier ganz und gar verkehrt!
Auf deiner Homepage kann ich lesen,
dass du nicht immer brav gewesen.

Ich gab dir Engel doch zur Seite,
dich zu bewahrn vor Übel und Streite?
Zu oft hast du gefehlt, mein Sohn,
nun hast du den gerechten Lohn!
Der Mensch erschrak, den Lauf der Welt
hatt' er sich so nicht vorgestellt.

Ach bitte, sprach er, Herr, bedenkt,
dass nicht nur Engel mich gelenkt.
Ihr könnt und dürft nicht übersehen
die Teufel, die daneben stehen?

Herr, habt Ihr denn noch nicht gehört,
dass längst das Gleichgewicht gestört?
Wir Menschen haben nichts zu lachen,
weil Engel dauernd Urlaub machen.

Sind nicht verständlich meine Klagen
bei all den engelfreien Tagen?
Der Engel soll mich doch bewahren
vor all den teuflischen Gefahren!?

Ich komme kaum über die Runden,
denn Teufel machen Überstunden.

Für jeden Engel, der grad fort,
da sind drei Teufel gleich vor Ort.
Sie sind es, die an allem schuld!
Doch Petrus war voll Ungeduld:

Jetzt schweig! Solang die Welt besteht,
gibt es schon diese Parität.
Sie hält die Welt in der Balance,
und das genau war deine Chance.
Der Mensch, da gibt's gar keine Frage,
ist stets das Zünglein an der Waage!

Erkenntnis

Das Vage, Geahnte ist schon voller Verheißung
auf herrliche Freuden und geistiges Glück.
Doch erst das Bewusste und geistig Erkannte
erschließt ihre Pforten und macht dir sichtbar,
was vorher sichtbar dir nicht war,
obwohl es immer da gewesen.

Was einmal war nur trübes Ahnen,
das macht Erkenntnis hell und klar.
So wandelt um sich dir Verheißung
in geistige Erkenntnis
als deiner geistig Arbeit Frucht.

Denn dies ist des Lebens heilig Versprechen,
das sich durch dich an dir erfüllt,
unbestechlich folgend den Gesetzen des Lebens
als des Geistes ewiges Prinzip.
Sie ziehen an den Strom des Lebens,
dass er sich fügt und nicht verschwendet.

Inspiration

Strömend treffen sich Gedanken,
ungehindert, ohne Schranken,
tauschen sich verborgen aus,
kehren dann zurück nach Haus.

Durch Wissen und Verstand getragen,
ergeben sich des Geistes Fragen,
wird Energie, die freigesetzt,
von Glaube und von Mut benetzt,
von Sehnsucht und Verlangen
und hoffnungsvollem Bangen.

Was so, geboren aus dem Geiste,
durch des Raumes Welten reiste,
Wissen fand und selbst vermehrte,
geistig reicher wiederkehrte.
Und dieser geistig Arbeit Lohn,
das ist: Inspiration!

Magie

Woher kommt dieses auffällige Interesse
der Menschen an unerklärlichen Dingen,
an Magie?
Warum dieses oft unbewusste Suchen nach ihr?
Es rührt her aus dem vagen Erinnern
an ein immanentes Wissen,
dass sie selbst,
von ihrer Schöpfung an,
magische Wesen sind.

Realist?

Manch selbst ernannter Realist,
ist eigentlich ein Pessimist,
denn Unheil sieht er überall,
auch wo's real gar nicht der Fall.
Der wirklich echte Realist,
der ist zur Hälfte Optimist.

Bewusstsein

Was lässt mich fühlen, dass ich bin?
Was lässt mich fragen, woher und wohin?
Was lässt mich denken, warum und wozu?
Fragst diese Dinge vielleicht oft auch du?
Spürst du die Wirkung nicht auch so wie ich
und fragst nach der Ursache an und für sich?

Wir laufen auf demselben Kreise,
den eine Mitte uns gesetzt,
jeder auf die ihm eigne Weise
und wir mit uns und ihr vernetzt.
Wir sind das Außen aus dem Innen
und doch des Außen Innen auch.
Könnten wir uns darauf besinnen,
wir wüssten mehr als einen Hauch.
Und endlich Denken ewig würde
und uns umarmte alles Sein.
Wer überwindet diese Hürde,
geht in das All-Bewusstsein ein.

Menschen sind wie Diamanten

*Ein Rohdiamant ist zwar wertvoll, aber noch unscheinbar.
Er lässt den Glanz, der in ihm steckt, bestenfalls ahnen.
Erst die erfahrene Hand eines Schleifers
bringt durch viele kunstvolle Facetten
sein hinreißendes Leuchten und Funkeln
zum Vorschein.*

*Menschen sind wie Diamanten.
Was in ihnen steckt,
kommt nicht von alleine zum Vorschein,
sondern will herausgearbeitet werden.*

*Und doch gibt es einen bedeutenden Unterschied:
Das Feuer des Edelsteines
holt jedes Sonnen- oder Lampenlicht hervor,
den menschlichen Brillanten jedoch
lässt nicht einfaches Licht funkeln,
sondern die Liebe,
die von innen heraus
alle Facetten
des Menschseins durchstrahlt.*

Verlorene Zeit?

*Ich frag mich oft, wo ist der Tag?
Nichts ist geschafft, vollbracht.
So ist die Antwort auf die Frag:
Hab ihn total verdacht!
Doch ist die Zeit mir auch zerronnen,
hab ich an Einsicht meist gewonnen.*

Bedeutung

Manchmal lese ich Worte und mir ist,
als wären sie der Schlüssel zu
einem geheimen Raum in mir.

Manchmal lese ich Worte und mir ist,
als wären sie nur für mich
geschrieben worden.

Als hätte jemand schon vor langer Zeit
gewusst, dass ich sie einmal brauchen
und auch finden würde.

Oder finden die Worte mich?!

Was weißt du?

Was weißt du,
und was fängst du an mit dem,
was an Wissen dir gegeben?
Nicht Unschuld, sondern Sünde ist es
zu verharren im Stande der Unwissenheit,
wenn Wissen greifbar nahe.

Doch größer noch die Sünde,
die Wissen, das schon dein, nicht nutzt.
Wertlos an sich ist reines Wissen,
doch wie fruchtbar und reich ist das,
was du mit ihm vermagst.

Denke

Denke,
aber sei kein Mitdenker!
Wage und erlaube dir
deine eigenen Gedanken.
Wage es, kühn zu denken
und Dinge in Frage zu stellen.
Jeder Gedanke ist schon
ein Schritt auf ein Ziel zu.
Jede scheinbar noch so dumme
Frage trägt die Möglichkeit
der Antwort bereits in sich,
denn es sind die Fragen, die
den Antworten die Türen öffnen.

Zu große Ehrfurcht vor bestehenden Dingen
verhindert kreative Quergedanken,
und ohne sie gäbe es viele großartige
Errungenschaften der Menschheit gar nicht.
Sie wurden nur geschaffen, weil Ihre Schöpfer
mutig und unangepasst waren.
Weil sie ihrem Gefühl vertrauten
und auf ihre innere Stimme hörten,
die ihnen den Weg wies.

Was du erkennst

Was du erkennst, gib weiter nur
dem anderen, ganz ohne Richten.
Erzähle unverfälscht und pur,
er wird's nach seinem Können sichten.

Ein Mensch von Einfluss

Mit Recht voll Hochmut blickt auf mich dein Haus,
zum Golde wird, was immer du erwählst.
Du bist von Einfluss, ja, ganz zweifellos,
gebildet, angesehen - und du zählst!

Wo es gesellschaftlich sich lohnen kann,
da öffnet Türen deines Namens Klang.
Parfum Erfolg entströmt den Poren dir,
du trägst des Weltmanns Pose und auch Rang.

Verzeih, wenn dennoch ich zu fragen wag:

Warst auch du so erfolgreich mit dir selbst?
Woran gewachsen ist die Seele dein?
Vielleicht warst so beschäftigt du zu tun,
dass du darauf vergessen hast zu sein?

Wohnt Liebe dir in deinem Herzen so,
dass sie sich schenken kann verschwenderisch
und trotzdem dir nichts fehlt, du nichts entbehrst?
Wen ludst je selbstlos du an deinen Tisch?

Was fühlt dein Herz, wenn es zur Ruhe kommt,
des Nachts, wenn Sehnsucht tief in dir erscheint,
die nicht mehr vom Verstand sich herrschen lässt
und wenn in Träumen deine Seele weint?

Was wirst dereinst du weisen können, sag!,
wenn Gott nach deinem innren Reichtum fragt,
dein Herzenskonto aber Schulden schreibt?

Was mag dir dann dein Einfluss zählen noch,
was mag dir dann dein Name wert noch sein
und welche Tür dir noch zu öffnen bleibt?

Verzeih, dass ich zu fragen es gewagt ...

Wie siehst du dich?

Es kommt nicht so sehr darauf an,
was andere von uns,
sondern was wir selber
von uns halten.

Wenn wir dem eigenen, wissenden Auge
offen begegnen können,
dann können wir es umso mehr
dem fremden, nicht wissenden
oder vermutenden.

Mangel und Fülle

Wie der Schüler den Lehrer sucht,
sucht der Lehrer den Schüler.
Der Weise braucht den Fragenden,
wie der Fragende den Weisen und
wie das Wasser den Durstigen braucht,
damit es seinen Sinn erfüllt.

So sehnt sich die Fülle dem Mangel
entgegen und der Mangel der Fülle,
denn Harmonie und Ausgleich
ist der ideale Zustand des Kosmos.
Wo aber der Mensch
in die Harmonie eingreift,
entsteht Chaos.

Wenn Wind nicht weht

Wenn er nicht weht, was tut der Wind?
Er ruht, das weiß doch jedes Kind!
Was sollte er denn sonst auch tun?
Auch Wind muss dann und wann mal ruhn.

Im Ruhen ist er schwach und klein,
da atmet Wind nicht aus, nur ein.
Ist er dann stark und aufgebläht,
er heulend um die Häuser weht.

Bis endlich ihm die Luft ausgeht
und wieder er auf Ruhe steht.
Dann lungert er auf Bäumen rum
und auf der grünen Wiese.

Er atmet ein und ein und drum
wird er schon bald zur Brise.
Staut weiter er den Atem an
und atmet ein und ein, dann

wird er schließlich zum Orkan,
und kehrt mit tollem Toben,
bis dass er nicht mehr pusten kann,
das Unterste nach oben,

und alles fängt von vorne an . . .
So folgt er dem Prinzip der Welle.
Mal ist er weg und mal zur Stelle.

Tagtraum

Wünschte ich's mir,
erträumte den Traum
oder träumte es mir
von sich aus der Traum?
Flügeln verleiht's meiner Seele,
wenn träumend ich tanze
und tanzend ich träume.

Des Tages Traum kann fliegen, gleiten,
wohin des Nachts ich mich begab,
wo Raum verschwimmt mit allen Zeiten,
wo ich das ewge Jetzt nur hab.

Was bist du?

Gott ist Licht.
Was bist du?

Hast du vergessen, dass du
göttlichen Ursprungs bist?
Licht von seinem Licht?

Warum verdunkelst du dich?
Warum ziehst du nicht
deine Jalousien hoch,
putzt die Fenster
deiner Seele
und lässt dein Licht
in die Welt hinein
leuchten?

Was bleibt?

Was bleibt
wenn ich gegangen bin?
Was bleibt von mir
auf dieser Erde hier?

Was bleibt zurück
von Schmerz und Glück?
Was bleibt
von meinem Sinn?

Man sagt:
Es bleibt,
wer schreibt.

Dann bleibt von mir
mein Wort auf Papier
und meines Herzens Essenz
nicht nur Transzendenz.

Bleib wie du bist

Bleib wie du bist!
Hör ich oft gut gemeint.
Und wenn ich's täte? Doch mir scheint,
der gute Wunsch kein guter Rat mir ist.

Nimm dich nur an, so wie du bist,
und gib dem Leben neuen Schwung,
denn Leben heißt Veränderung.

Warum?? Warum??

*fragen wir und beklagen
die Ungerechtigkeiten des Lebens.*

*Warum?? Warum??
Fragen wir oft verzweifelt,
kann Gott so viel Leid zulassen?*

*Warum nur?? Warum??
fragen wir oft fassungslos,
warum nur tut er nichts dagegen?
Wer aber so denkt und fragt,
versteht das Leben nicht.*

*Gott ist nie ungerecht.
Das Leben ist nie ungerecht.
Es hat alles seinen Sinn.
Nur durchschauen
wir diesen Sinn nie so ganz.
Wir können es nicht,
denn wir sind nicht Gott.*

*Gott WEIß,
wo wir in unserer
menschlichen Beschränktheit
ab und an Bruchteile erfassen.
Das Gesamtbild aber
können wir nur
erahnen.*

Warum, was und wie?

Mit jeder liebevollen Handlung
für einen anderen
steigst du selbst
auf deiner Lebensleiter
eine Stufe höher.

Jede Hilfestellung
für einen anderen Menschen
ist zugleich auch eine
für dich selbst.

Aber das Warum
ist immer bedeutsamer
als das Was und Wie!

Mit liebevollen Augen

Schaue auf alles zuerst und grundsätzlich
mit liebevollen Augen,
und du erhältst liebevolle Augen zurück.
Augen, die dich in deiner Stärke sehen
und nicht in deiner Schwäche,
die erkennen,
was an und in dir liebenswert ist.

Geiz und Sparsamkeit

*Der Geiz
und die Sparsamkeit
sehen sich deshalb
nicht ähnlich,
weil sie aus zwei völlig
verschiedenen Familien
stammen.*

*Der Geiz
kommt aus der Familie
der Habgier
und die Sparsamkeit
aus der Familie
der Bescheidenheit.*

*Der Geiz ist ein
Parvenü,
die Bescheidenheit
von altem Adel.*

Trotzdem tot

*Wer sich kasteit, schafft künstlich Not
und ist am Ende trotzdem tot.
Denn schlägt der Menschen letzte Stunde,
dann trifft sie Kranke wie Gesunde.*

Mangelndes Vertrauen

*Sagt mir,
wo ist das Vertrauen der Menschen
in die eigenen Fähigkeiten geblieben?
Warum misstrauen sie ihren Gefühlen,
ihrem inneren Wissen, ihrem eigenen Urteil?
Warum verlagern sie stattdessen
ihre Urteilsfindung nach außen,
in die Welt der Wissenschaft und baren Beweise,
der sie sich verkaufen und der sie dadurch hörig sind?*

*Wo ist das Vertrauen der Menschen in die eigene Tiefe,
die sie verbindet mit allem Leben,
mit all seinen Geheimnissen und allem Göttlichen?
Es ist, als würde ein Kind
seine leiblichen Eltern verleugnen
und die Elternschaft auf die Technik
und die Wissenschaften übertragen.*

*Gold tauschen sie ein gegen Blech.
Was für ein schlechter Tausch!
Ein Universum gegen einen Vorgarten.
Alles für nichts.
Warum fühlen sie ihre Wurzeln nicht mehr?*

*Sagt mir, wo nur ist das Vertrauen der Menschen
in die eigenen Fähigkeiten geblieben?*

Geist-Reich

Es gibt Bücher,
die verschlingt man in einem Zug
und hat sie schon vergessen.

Und es gibt Bücher,
die man nur häppchenweise
genießen kann, aber die ein Leben
lang anregen und nähren.

Als würde ein Geist
zwischen ihren Zeilen sitzen
und geduldig mit seinen Antworten
warten, bis wir soweit sind,
die richtigen Fragen zu stellen.

Finde DICH!

Such nicht in weiten Fernen
den, der dich glücklich macht.
Sein Name steht nicht in den Sternen,
du kennst ihn ja schon längst.
Unsäglich ist er dir vertraut
und näher, als du denkst.
Sein Herz, das mit dir weint und lacht,
steckt unter deiner eignen Haut.

Begehrlichkeiten

*Seien wir dankbar für alles, was wir erreichen,
und sprechen wir diese Dankbarkeit auch aus,
an jedem Tag unseres Lebens.*

*Was gibt mir letztendlich das Streben nach Geld und Gut,
nach mehr und mehr Macht als Unzufriedenheit,
denn nie wird genug sein, was ich schon habe.
Maßlos ist die Begehrlichkeit nach wertlosen Dingen,
ein einziger erfüllter Wunsch birgt schon in sich
die Geburt etlicher neuer Wünsche
und damit Unzufriedenheit.*

*Die Genugtuung über erfüllte Wünsche währt nur kurz,
sie ist keine echte Zufriedenheit.
Wahre, echte Zufriedenheit ist ein Lebensprinzip,
eine Grundeinstellung im Menschen,
die ihn heiter macht und glücklich
auch in traurigen und schwierigen Lagen.*

*Denn in jeder Lage,
mag sie noch so schwer sein,
ist immer auch etwas Gutes und Schönes enthalten,
das es gilt zu entdecken und zu erkennen
und zu schätzen.*

Einsicht

Sinnvoll ist der Leben Fülle,
erhaben zeigt sich dir ihr Sinn,
ist nicht nur arme, leere Hülle,
ist innrer Reichtum und Gewinn.

Wenn heimkehrst du vom Erdenleben
und überdenkst der Tage Ziel,
willst ihnen ihre Deutung geben,
weil alles mehr war als ein Spiel.

Dann schau sie an mit mildem Mut,
ganz ohne Zweifel, Zorn und Wut.
Nimm an die vielen deiner Taten,
die dir nicht ganz so wohlgeraten.

Hab Einsicht nur, wo du gefehlt,
lass dich nicht quälen durch die Reue.
Hast du auch oftmals falsch gewählt,
so geh voran und leb aufs Neue.

Nimm mit die Einsicht in dein Leben,
sie gibt dir Richtung, gibt dir Kraft.
Kann Hilfe dir und Freude geben,
die dich durchs neue Leben schafft.

Geld

*Das Leben dreht sich
nur ums Geld,
denn hab ich Geld,
kann ich mir alles kaufen.
Doch Gier nach Geld
zerstört die Welt
und was dann bleibt,
ist - nur noch Geld.*

*Geld aber kann ich nicht atmen.
Ich kann es nicht essen, und
ich kann es nicht trinken.
Geld kann mir nicht Leben kaufen,
Geld kauft nur den Tod.*

*Ist einmal diese Welt zerstört,
kann alles Geld der Welt
mir keine neue kaufen.*

Das kleine Feine

Der wahre Kenner schätzt das Feine,
das ungemeine, edle Kleine.

Er liebt den Aufenthalt in Sphären
des gourmethaften Elitären.

Er sieht darum in Petitesse
die wahre Kunst der Raffinesse.

Das Große überzeugt ihn nicht,
das trumpft nur auf durch sein Gewicht.

Doch die Klitzekleinigkeit
von exquisiter Wertigkeit
vermag den Kenner zu entzücken
und seinen Gaumen zu beglücken.

Ruhe sanft?

Ein äußerst
unpassender Wunsch
will mir scheinen.
Es gibt doch nicht
ewigen Todesschlaf,
sondern ewiges Leben!
Ruhe unsanft?
Auch nicht gut!
Noch viel zu viel Ruhe!

Wie wäre es damit?
Lebe sanft und ewiglich,
und wenn's geht,
so denk an mich!

Willst du ein Haus dir bauen

Willst du ein Haus dir bauen,
so fang's geduldig an.
So und mit viel Vertrauen
es gut nur werden kann.
Dies ist das beste Fundament,
das auf der Welt nur jemand kennt.

In jede Wand und jeden Stein
bau Toleranz und Mut mit ein,
füg Freundlichkeit und Glauben zu,
so wächst dein Haus empor im Nu.

Die Fenster bau aus Weitsicht dir,
und hast du auch die Einsicht hier,
fehlt nur noch Wissen und Verstand
als Halt und Stütze für die Wand.

Baust Friede du als Haustür ein,
kommt Glück und Harmonie herein.
Aus Hoffnung und Erkenntnis mach
das beste Werkzeug für dein Dach.
Mit Freude richt dein Haus dir ein,
so wird es immer heiter sein.

Füll es mit Liebe, Treue, Licht,
dann fürchtet es die Kälte nicht.
Es hält dich sicher und geborgen,
ob gestern, heute oder morgen.

IV. Von Freundschaft und Liebe

Freundin

*Freundin nannte ich dich.
Aber eine Freundin warst du wohl nie.
Glaubtest mir nicht, vertrautest mir nicht,
zweifeltest nicht einmal!*

*Es gab nur dein Urteil, unerbittlich und hart,
vollstreckt mit den Dolchen deiner Augen.*

*Nichts war deine Freundschaft wert.
Der erste raue Wind enttarnte sie.
Der erste Stolperstein schon
brachte sie zu Fall.*

*Sie starb an Kälte,
zu dünn war ihr Kleid,
denn keine Liebe
wärmte
sie.*

Liebe

*Nie schlief ich ein schöner
als auf den süßen Schwingen der Liebe,
eins mit dem Rhythmus des Lebens.
Und nie erwachte ich schöner
als eins mit der Wärme deiner Haut,
dein Atem in dem meinen,
gewiegt vom Schlage deines Herzens.*

Einmal Herrgott sein

Wenn ich heut einmal Herrgott wär,
erblühten Blumen nur für dich
von Löwenzahn bis Felberich.
Das Meer, es würd für dich nur rauschen,
nur du könntest den Wellen lauschen.

Wenn ich heut einmal Herrgott wär,
würd ich die Welt dir fröhlich machen,
dass es nur gäbe Freude, Lachen,
nur Menschen friedlich, liebevoll.
Das Leben wäre wundervoll.

Wenn ich heut einmal Herrgott wär,
würd ich dir jeden Wunsch erfüllen
und alle deine Schmerzen stillen,
ganz einfach so, auf einen Schlag,
an diesem, deinem Ehrentag.

Wenn ich heut einmal Herrgott wär,
dann wären Menschen gut, nicht schlecht,
und niemand wär mehr ungerecht.
Wo immer auch, ob fern, ob nah,
wär jeder für den andern da.

Wenn ich heut einmal Herrgott wär,
schickt ich dir einen Strahl der Sonne,
der Tag dir und auch Nacht erhellt.
Das Leben wäre eitel Wonne,
es wäre eine schöne Welt.

Das wäre es so ungefähr,
wenn ich heut einmal Herrgott wär.

Der Mutter

Gesegnet sei der Mutter Liebe,
sei ihre Sorge, ihre Kraft.
Ein Kind wohl ganz verloren bliebe,
hätt es die Mutter nicht geschafft.

Sie ist sein Leben, seine Mitte,
sie lehrt es seine ersten Schritte.
Sie denkt zuerst seine Gedanken,
zeigt auf des Lebens harte Schranken.

Sie überlegt, sie plant, sie lenkt,
das Kind noch nicht alleine denkt.
So ist es gut, so muss es sein,
solang das Kind noch ziemlich klein.

Doch ist es groß, ob Frau, ob Mann,
es ganz von selbst nun denken kann.
Es lenkt von selbst all seine Schritte,
ist selbst des Lebens eigne Mitte.

Der Mutter Los ist Abstand nun,
viel bleibt für sie nicht mehr zu tun.
Drum, liebe Mutter, sorg dich nicht,
du bist jetzt nicht mehr in der Pflicht.

Ich hab gelernt, was gut und richtig,
weiß selber jetzt, was für mich wichtig.
Dass ich das kann, das schuld ich dir,
bin immer dankbar dir dafür.

Liebe Worte

Viel mehr als Blumen oder Torte
braucht jeder Mensch die lieben Worte.
Ein Wort, das sagt, ich liebe dich,
ein Wort, das sagt, ich leb für dich,
ein Wort, das sagt, bin für dich da,
wo immer auch, ob fern ob nah.
Sie sind des Lebens andre Nahrung,
sind geistig-glückliche Erfahrung.

Die Liebe liebt

Die Liebe liebt.
Trotzdem
und überhaupt
und sowieso.

Sie liebt, so wie
die Rose blüht.
Fraglos, klaglos,
sich verströmend.

Als gäbe es kein Morgen
und kein Gestern,
nicht Gut noch Böse.
Weder Verlust
noch Gewinn.

Nur Liebe.
Nur sie allein.

Anerkennung und Liebe?

Dem Menschen ist ein Leben lang
nach Lieb und Anerkennung bang.
Weil er nun beides haben muss,
kommt er zu dem fatalen Schluss,

dass, wer ihm Anerkennung gibt,
ganz ohne Zweifel wohl ihn liebt.
Auch umgekehrt ist es nicht schwer.
Wer liebt, gibt Anerkennung her.

Und wer sie nicht gibt, auch nicht liebt?
Doch Liebe liebt, wie's ihr beliebt,
und wer der Liebe mit dem Kopf
die Rechnung aufmacht, ist ein Tropf.

Verstand geht meist nicht gut mit Herz.
Des Kopfes reine Nüchternheit
kommt bei der Liebe nicht sehr weit,
und grade das bringt uns den Schmerz.

Es bleibt der Mensch, solang er lebt,
der Liebe Sinn auf falscher Spur,
wenn er, was Anerkennung nur,
zum Wert der Liebe sich erhebt.

Die Liebe sieht dich selbst nur an.
Sie kümmert, was du leistest, nie,
und hätt'st du nichts von Wert, auch dann
und einfach so nur . . . liebte sie.

Ein Wort nur? Ein Lächeln? Ein Blick?

Ein liebes Wort macht fruchtbar wie Regen,
wie Sonne eines milden Frühlingstages,
wenn dankbar sich und froh die Erde öffnet,
die sie zum Grünen bringen und Erblühen.

Ein liebes Lächeln legt sich Seide gleich, so leicht
und weich, so zärtlich warm dir um dein Herz,
dass auch ein trüber Tag dir schön erscheint
und Sommerhimmel strahlender noch blaut.

Ein lieber Blick berührt die Seele nackt,
erfrischt dein Innerstes wie Tau die Rose
mit der Essenz, die wundersam dich stärkt
und heilt und pure Freude füllt ins Herz.

Sie wohnt im Lächeln, schwingt im lieben Wort
und ist der Zauber auch in jedem lieben Blick.
Sie kostet nichts und ist unendlich kostbar doch.
Kein Gold, kein Geld, kein Gut wiegt sie auf:
Liebe!

Rosa Rosen

Lass rosa Rosen um dich sein
durch Liebe, selbstlos, stark und rein.
Wo Farb und Duft der Liebe sind,
da ist des Bösen Auge blind.

Synapsen - Schnittstellen der Liebe

*Ich muss den Glauben anderer nicht teilen,
aber ich kann an anderen Anteil nehmen.
An anderen Menschen Anteil zu nehmen und
Mitgefühl zu empfinden, sind Formen der Liebe.*

*Liebe ist ein Energiestrom, der seine eigenen Wege
und Bahnen baut, um sich selbst und entsprechende
Informationen zu transportieren und weiterzugeben.*

*Zu lieben bedeutet nichts anderes, als unsichtbare
Verbindungen zu knüpfen, Synapsen zu schaffen
für einen gegenseitigen Austausch, der nicht mehr
nur konkret, wörtlich und mittelbar stattfindet,
sondern geistig, abstrakt und unmittelbar.*

*Liebe baut sich ihr eigenes Internet, und je mehr
Liebe ich freisetze, desto mehr Energie wird für
diesen Datenstrom tätig und desto besser kann der
Austausch geistiger Informationen funktionieren.*

*Über das Gefühl der Liebe kann ich so mit allen
Lebewesen kommunizieren - wo immer sie auch sein mögen.
Richte deine Aufmerksamkeit auf die Liebe und nur sie, denn:*

*Worauf du deine Aufmerksamkeit richtest,
richtet seine Aufmerksamkeit auf dich.*

Du verlangst nach Liebe?

Du verlangst so sehr nach Liebe,
jedoch die Liebe nicht nach dir?
Bist voller Angst, dass es so bliebe?

Vertraue ihr und glaube mir,
die Liebe sucht und findet dich,
wenn du im Herzen bist bereit.

Zu sehr bedrängt, entzieht sie sich
und kommt doch nie zu falscher Zeit.

Sonett an die Liebe

Im Winter lässt mich Liebe Sommer spüren,
macht kalte Stürme mir zu Maienwind.
Lässt glauben und vertrauen kindlich lind,
und irdisch schon den Himmel mich berühren.

Wenn tief ich trink der Rose lieblich Duft,
nicht achten kann ich dann noch will der Dornen.
Vergeblich ist und stumm der Schrei der Nornen,
wenn mir zu Kopfe steigt Champagnerluft.

Ach, lieber will ich ewig Herzblut leiden,
mich schenkend nehmen, was die Liebe gibt,
als ungeliebt von dieser Erde scheiden.

Ein Nichts, ein Niemand, der noch nie geliebt,
und wär ein Tag beschieden nur uns beiden,
für nichts der Welt würd ich ihn jemals meiden.

Die Liebe

*Die Liebe
lässt uns jauchzen und auch seufzen.
Sie hebt empor und kann zerschmettern.
Sie reicht uns in der Süße auch die Bitterkeit
und in der Freude auch die Tränen.*

*In jeder Begegnung spricht sie zugleich vom Abschied.
Denn die Liebe ist alle Jahreszeiten,
ist Frühling und Sommer, Herbst und Winter.*

*Wenn ich ihren Winter erlebe,
so gab sie mir doch zuvor ihr Erwachen
und ihr Erblühen und Reifen.
Was wär das Leben
ohne sie?*

Liebe wird nicht, Liebe ist!

*Liebe wird nicht, Liebe ist.
Liebe fragt nicht, wer du bist.
Fragt nicht, warum und nicht wozu,
sie schenkt sich einfach an das Du.
Fragt nicht nach Klein und nicht nach Groß,
sie gibt sich ganz bedingungslos.
Fragt nicht nach Arm und nicht nach Reich,
vor ihr sind alle Menschen gleich.
Schenkt sich dem Kind, der Frau, dem Mann,
weil sie es gar nicht anders kann,
denn das Gesetz der Liebe ist,
zu lieben alles, was du bist.*

Duft der rosa Rosen

Umschwebt vom Duft der rosa Rosen,
schreit ich durch sommerwarmen Tag.
Der Liebe Schwingungen mich kosen,
die kostbar ich im Herzen trag.

Bläst rau der Wind mir ins Gesicht,
gedenke ich der Liebe mein
und trag sie vor mir als mein Licht,
kann Liebe geben und verzeih'n.

Umschwebt vom Duft der rosa Rosen,
schreit ich durch sommerwarmen Tag.
Wenn mich auch Stürme mal umtosen,
mit diesem Duft ich nie verzag.

Tagetes gelb und Tausendschön

Wie liebte sie es, blühn zu sehn
Tagetes gelb und Tausendschön.
Ich konnt sie damals nicht verstehn.

Gab's Blumen doch im großen Garten
von edleren und stolzren Arten,
dass mir erschienen diese beiden
einfach zu schlicht und zu bescheiden.

Dann war es Zeit für sie zu gehn.
Seitdem lieb ich so anzusehn
Tagetes gelb und Tausendschön.

Roter Mohn

Wenn auch der Mohn
zu Alltagsgrau verblüht,
so kann ich doch sein Bild
ins Herz mir fassen.

Denn wenn ein Herz
um Liebe sich bemüht,
wird ihm niemals
sein Rot verblassen,
weil endlos Sehnen
sich in Liebe stillt.

Im voll erblühten Mohn
ruht nahes Ende schon,
das sich aus eigner Kraft
die neue Blüte schafft.

Katzenjammer

Sie neigte sich ihm hin aus Huld,
und fragte nicht nach Un- noch Schuld.
Der Katzenjammer, das Gezeter,
die kommen meistens etwas später.

Rosen auf mein Grab

Warum legst Blumen du mir auf mein Grab?
Warum brichst du der Rose Leben
für mich, der ich doch dort nicht bin?
Netze nicht mit heißen Tränen
meines kalten Leibes Ort.
Gib nicht vom Lebendigen dem Toten!

Ich nahm mir mit von dir
jede Rose, die mir von deiner Liebe sprach,
jedes innige Lächeln, das du mir schenktest,
jedes liebe Wort, das zärtlich mich berührte,
und jede gute Tat, die du mir zugedacht,
als ewig währendes Geschenk von dir.

Oh, darum brich die Rose nicht für mich.
Verschwende das Lebende nicht!
Nicht für mich schmückst du mein Grab.
Mein toter Körper weiß nichts mehr
von Schönheit und von Liebe.
So magst du es zu deinem Troste tun.

Doch willst du schmücken
das Haus meiner Seele,
denke an mich,
nicht in Entsagung und Trauer,
gedenke meiner dankbar,
voll zärtlicher Erinnerung
und voll freudiger Hoffnung
auf ein Wiedersehen.

Denn was ist der Tod
als Gottes andere Tür?

Halt nicht auf Erden mich fest
mit deinen Tränen,
beschwer nicht mit Kummer
meiner Seele Flug.
Bete und bitte,
dass Gottes Licht für mich scheine.

Doch brich niemals mehr der Rose Leben.
Denk nur an mich,
in Liebe,
und meiner Seele Heimat
wird voller Rosen sein.

Ewige Liebe

Gerne bin ich bei dir, sehe dein Gesicht,
sehe dir ins Auge, tiefer seh ich nicht.
Habe deine Stille, habe deine Ruh,
hab vor allem gerne dich nur immerzu.

Mag es auch geschehen,
einst so wunderbar,
dass wir von hier gehen,
heut und immerdar,
kann ich nur dran glauben,
dass nichts nur geschieht,
um es mir zu rauben,
zeitlich nur entflieht.

Unsterbliche Liebe

Vereinigt durch der Liebe Band,
reich einem andern deine Hand.
Gemeinsam durch das Leben gehn,
ergänzend stets die Welt zu sehn,
ein Glück ist's, das nicht ewig währt,
und mancher niemals je erfährt.

Wer die Erfüllung hat gefunden
in dem, der ehelich verbunden,
der spürt nur Schmerz und tiefe Wunde,
wenn er vernimmt des Todes Kunde.
Fühlt sich getrennt vom Sinn des Lebens,
allein zu leben als vergebens.

Der Tage Arbeit hält den Blick
vom tiefen Kummer leicht zurück.
Doch in der Muße nichts zu tun,
lässt dich der Kummer nicht mehr ruhn.
Man kann es immer noch nicht fassen,
wo mag er sein, der mich verlassen?

Kann es denn Wirklichkeit nur sein,
dass ich auf ewig bin allein?
Wer kann Gewissheit, Trost mir geben,
dass er noch wirklich ist am Leben?
Dass ich dereinst ihn wieder finde,
mich neuerlich mit ihm verbinde?

Gott kann dir die Gewissheit geben,
steht über Tod und über Leben.
Schenk Ihm dein übervolles Herz,
die tiefe Sehnsucht, deinen Schmerz.
Bitte um Trost, Gewissheit, Zeichen,
und Er wird Seine Hand dir reichen.

Schenkt Tröstung dir in einem Traum,
der jenseits ist von Zeit und Raum.
Wo deine Seele seine findet,
des Todes Schranke überwindet.
Schenkt Antwort dir auf deine Fragen,
wird dir den Sinn des Lebens sagen.

Der Tod ist immer nur ein Wort,
denn seine Seele lebt ja fort
und ewig dir verbunden bliebe
durch deiner Seele treue Liebe.

Von Herz zu Herz

Nur was vom Herzen kommt,
kann zu dem Herzen gehn,

und so kann auch nur Herz
das Herz so ganz verstehn.

Wer sagt es denn?

Du weißt nicht,
was du sagen sollst?
Es fehlen dir die Worte
angesichts von Trauer
und Schmerz
anderer Menschen?

Wer sagt denn,
dass du etwas sagen musst?
Sei nur da,
einfach nur bei ihnen!
Deine Anwesenheit selbst
spricht
für dich
die immer passenden
Worte
von Freundschaft
und menschlicher
Anteilnahme,
die jeder
versteht.

So war sie

Großzügig gab sie mit offener Hand,
so war es, wie sie das Leben verstand.
Und so wie sie war, voll Liebe und heiter,
so lebt sie in unsrer Erinnerung weiter.

Liebe trägt diese Welt

*Je mehr wir lieben und je mehr wir
von der Liebe wissen,*

*desto mehr offenbart sich uns
das Gefüge unserer Welt, denn*

*Liebe ist der Generalschlüssel zum
fundamentalen Wissen der Welt
und zum Herzen Gottes.*

Trage keine Maske

*Trage keine Maske,
wenn du bei mir bist.*

*Es sieht mein Herz vom
Grunde auf in deines doch.
Kennt deine Schwächen,
deine Fehler.*

*Verbirg
dein wahres Ich mir nicht.
Trag offen
deiner Schwäche Kleid
ins Bett der Liebe mir.*

Das liebende Herz

Ein liebend Herz, es tröstet dich,
es schließt dich ein, verstehet dich.
Es fordert nicht und gibt nie auf,
es nimmt auch Kränkung mit in Kauf.

Es hat Geduld, geht auf dich ein,
will immer Helfer dir nur sein.
Sich selbst, das stellt es gern zurück,
sieht nur den andern und sein Glück.

Es liebt dein Lachen, deine Tränen,
ahnt deinen Kummer, kennt dein Sehnen.
Weiß deine Fehler allzu gut
und macht dir trotzdem wieder Mut.

Nimmt an dein Leid, teilt es mit dir,
macht aus dem Ich und Du ein Wir.
Nur deine Liebe, welch ein Glück,
bekommst verdoppelt du zurück.

Schau mich an

Schau mich nicht an
mit dem kalten, schmerzenden Blick der Kritik,
der mich seziert, um meine Fehler zu finden,
und doch blind ist für mich.
Schau mich an
mit dem warmen Blick der Menschlichkeit,
der mich nicht nur sieht,
sondern auch erkennt.

Danksagung

Lieber Freund,

dass du erneut dich „ aufgedrängt“,
hat mich doch keinesfalls gekränkt.
Als ich das rote Schleifchen löste,
und sich die „Schöne Zeit“ entblößte,

sah ich, wie kann's sich anders fügen,
die „Schöne Zeit“ mit viel Vergnügen.
Nach langen Zeiten der Entbehrung
hatt heute ich bereits Bescherung.

Dir ist, sag ich jetzt nur entzückt,
die Überraschung voll geglückt!
Dein Büchlein mir die Freude macht,
wie sie von dir für mich gedacht.

Ich schick spontan und auf dem Fuße
dir meinen Dank mit einem Gruße
ins Haus am schönen Ammersee,
so weihnachtlich in stillem Schnee.

Mit meinem Danke eng verbunden
wünsch ich dir festlich-frohe Stunden.

Kirschbaum

Die ewige Sehnsucht
des Menschen nach Liebe
in all ihren Stadien:
die kindlich unschuldige,
die jugendlich sexuelle,
die fruchtende, erntende Liebe
und, nicht zuletzt,
die verinnerlichte Liebe,
die Liebe,
die über den Menschen hinauswächst,
und er somit mit ihr.

All das vereint der Kirschbaum
als ewiges Symbol der Liebe.

Nicht traurig sein,
wenn die Blüten schnell verblühen,
dazu sind sie bestimmt.
Ewige Blüte trägt niemals Frucht!

Alte Liebe

*Unsere Liebe
ist wie der Kölner Dom.
Genauso gewaltig und groß,
so erhebend und göttlich wunderbar.*

*Genauso aber eine ewige Baustelle,
ständigen Abnutzungen
und Verwitterungen ausgesetzt.
Überall ist Erneuerung nötig,
um den Verfall aufzuhalten.*

*Wenn es uns trotzdem gelungen ist,
an diesem alten Bauwerk
immer wieder völlig Neues
anbauen zu können,
haben wir mehr und mehr
unser eigenes kleines Ich überwunden
und zum großen Wir gefunden.*

Begleite mich

Komm und begleite mich
und sei's auch nur
ein Stückchen meines Weges!

Sag mir, was du fühlst,
was dich zum Lachen bringt
und was zum Weinen.

Sag mir, was du denkst -
ganz hinten und tief in deinem Herzen,
das, was du verbirgst vor fremdem Blick
und manchmal sogar vor dir selber.

Sag mir, was du vom Leben weißt,
wie deine Art ist,
diese Welt zu sehen.

Vielleicht, so hilft es mir,
das Leben und mich selbst
noch besser zu verstehen.

V.   *Von Gott, Engeln und Glauben*

Der Anfang

Gott bewegte sich und Er dachte und Er schuf.
Und Gottes Bewegung wurde Licht
und Sein Gedanke war die Liebe.
Und beide zusammen schufen das Leben
und war so ewig wie der,
aus dem es gekommen.

Schöpfung

Vor Anbeginn von allen Zeiten
hat in des Raumes endlos Weiten
die Liebe sich uns ausgedacht
und uns zum Ebenbild gemacht.
Was erst nur reine Energie,
das formte und belebte sie.
Sie schuf den Kosmos, unsre Welt,
der Berge Höhn, das Himmelszelt.
Sie füllte jeden Bach und Fluss
mit klarem Nass als Himmelsgruß.
Gab jedem Tier den rechten Platz,
grub in die Erde manchen Schatz,
verströmte sich im Grün der Auen,
gab allen Farben ihren Sinn.
Schuf dann die Männer und die Frauen,
gab ihnen ihre Schöpfung hin.

Der Wille Gottes

*So wie ein Kreisel dreht sich blind,
so wie ein Blatt geht mit dem Wind,
so wie ein Tropfen mit der Flut,
so wie ein Funken in der Glut
folgt den Gesetzen der Natur,
folg du dem Willen Gottes nur.
Er führt auf allen deinen Wegen
dich deinem ewgen Glück entgegen.*

Sprich zu mir

*Sprich Du zu mir,
und ich will lauschen
und will erkennen Deinen Sinn.
Und Deine Sprache will ich sprechen,
und Deinen Willen will ich tun
in Demut und Gehorsam.*

*Sprich Du zu mir,
ich lass mich führen,
und ich will gehen Deinen Weg.
Und Deine Wahrheit will ich suchen,
und Deine Freiheit will ich finden
in Hoffnung und in Zuversicht.*

*Sprich Du zu mir,
ich will mich öffnen
und will Dir glauben und vertraun.
Und nichts und niemand will ich fürchten,
denn wer kann gegen mich noch sein,
wenn Du für mich bist.*

Der Name des Einen

*Nie verändert der Eine Sein Wesen.
Er bleibt, der Er ist,
wie auch immer Sein Name.
Und sprichst du von Ihm,
so ist gleich deine Sprache,
denn Worte der Liebe
sind immer Worte der Liebe,
und Taten der Barmherzigkeit
sind immer Taten der Barmherzigkeit,
gleich, wo du auch bist auf dieser Welt.*

E R

*Er ist dein Schutz und deine Kraft,
Er steht allzeit für dich bereit.
Er ließ es zu, was du geschafft,
Er gab dir die Gelegenheit.*

*Schaust du voll Freude auf dein Leben
in Dankbarkeit und reinem Glück,
weil es so Vieles dir gegeben,
so kam nur, was du gabst, zurück.*

Wie finde ich zu Gott?

Ich glaube wirklich, es ist so,
dass wir Gott
erstmal anzweifeln müssen,
ja, sogar verleugnen müssen,
um ihn richtig zu finden
und voll und ganz anzunehmen,
um ihn dann niemals wieder herzugeben.

Haben wir Gott aber gefunden,
wird er Teil unseres Atems.
Wir atmen ihn ein,
und wir atmen ihn aus.

Der freie Wille

Es schenkte Gott in großer Güte
dem Menschen einst den freien Willen.
Er hoffte insgeheim im Stillen,
dass in des Menschen stolz Gemüte

nur möge wohnen Liebe, Güte,
dass er nur Schönes möcht erfahren
und sich das Schlimme, Böse sparen.
Doch trieb das Böse schlimme Blüte.

Dass Gott sich denkt: Du meine Güte!
Ich mach ein Ende diesem Klan,
von jetzt auf gleich und ganz spontan.
Den Rest der Schöpfung ich behüte.

Eh für die Erde es zu spät,
soll Mensch doch ernten, was er sät!

Gott

Was du auch brauchst, hält Er bereit,
Er ist die Hoffnung allezeit.
Er ist der Glauben und der Sinn,
ein jeder Weg führt zu Ihm hin.

Er ist die Liebe, Freude, Lachen,
will deine Tage schöner machen.
Er ist Erkenntnis, Wissen, Macht,
Er ist all das, was je erdacht.

Er ist das Heute, Gestern, Morgen,
zu Ihm bring alle deine Sorgen.
Bring Ihm die Qual und deinen Schmerz,
doch bring Ihm auch dein liebend Herz.

Er ist Vertrauen, Treue, Mut,
ist Er bei dir, ist alles gut.
Er ist die Quelle und das Licht,
zu Ihm heb auf dein Angesicht.

Er ist, der ist, und ewig war,
zu allen Zeiten, immerdar.
Er ist der Strom, der nie vergeht,
solange sich der Kosmos dreht.

Gottes Segen

Ich wünsch Gottes Segen
auf all deinen Wegen.
Es mögen die Tage dein
fortan nur glücklich sein!

Du bist nicht allein[*]

Du bist:
Ergebnis einer Reihe,
Ergebnis eines Satzes, Ergebnis einer Seite,
eines Kapitels, Ergebnis eines ganzen Lebens,
Ergebnis vieler ganzer Leben, Ergebnis eines ganzen Seins,
Essenz der Existenz,
Kleid der Seele, das Kleid des Lebens,
des ganz persönlichen Lebens,
des individuellen Lebens.

Das, was du jetzt bist,
lässt Rückschlüsse zu, ganz bewusst,
auf das, was gewesen ist, was du gewesen bist,
unter welchen Umständen, mit welchen Konsequenzen
und, es lässt gleichermaßen Rückschlüsse zu auf das,
was sein wird, was du sein wirst,
denn Gleiches sucht Gleiches.
Immer!
Diesem Gesetz entgeht nichts und niemand.
Lies in dem Buch deines Lebens,
es liegt aufgeschlagen vor dir!
Entdecke
DICH !

Gehe auf die Suche danach, warum du so bist wie du bist,
warum du hier bist, an dieser Stelle, in diesen Umständen,
warum du die Menschen kennst, die deine Familie sind,
deine Freunde, aber auch deine Feinde oder
ganz einfach nur indifferente Menschen,
die dir weder das eine noch das
andere bedeuten.

Lies, was in dir ist, es ist dir geöffnet!
Schau hinein, voller Mut und Zuversicht,
denn es wird Gutes daraus entstehen
für dich selbst und für andere.
Schau in dich hinein und schreibe auf,
was du erfährst.

Du bist nicht allein auf dieser Reise,
denn sie ist nicht ungefährlich.
Ein Lehrer und Helfer
wird deine Schritte lenken und dich führen.

Vertraue nur dem einen Gott,
der gibt, was gebraucht wird, wenn du es
erbittest und du seiner würdig bist und bereit.

So sei es!

*Anmerkung: Der obige Text war ein ganz persönliches „Reading" für mich, das ich inspiriert aufgeschrieben habe. Ich habe gezögert, es hier einzufügen, denke aber, dass es gut und richtig ist. Diese Worte werden schon die Empfänger finden, denen sie genau so bedeutungsvoll sind wie mir.

Freiheit

Aufrecht gehe ich durch diese Welt
und beuge nicht vor ihr den Rücken.
Doch neige ich mich gern
auch hin zu dir aus Liebe,
so beuge ich mich
voll Vertraun nur Ihm,
der wahrhaft frei mich lässt
in Seiner Liebe.

Achte dein Leben

*Achte dein Leben,
erkenne seinen Wert, seine geistige Grundlage.
Spüre deine Liebe zu dir und du bist bereit,
sie dem Leben zurückzugeben,
über deinen Nächsten hin zur ganzen Welt
und letztendlich zu Gott.*

Erst Vertrauen schenken

*Bevor Gott uns das Geschenk seiner grenzenlosen
Fülle geben kann, braucht er unser Geschenk
des unbedingten Vertrauens in ihn.*

Das Lächeln Gottes

*Es gibt Menschen, die tragen
das Lächeln Gottes in sich,
und wo sie gehen und stehen,
bleibt niemand davon unberührt.*

*Ihre bloße Anwesenheit lässt
Blumen erblühen auf karger
Einsamkeit und spendet den in
der Seele Frierenden Wärme.*

*Es gibt Menschen, die tragen
das Lächeln Gottes in sich
und wissen es gar nicht.*

Vielleicht bist du einer von ihnen?!

Anruf

So hilf mir doch, Du Heilger Geist!
Ich bring ja nichts zustande,
wenn Du nicht senkst der Wahrheit Licht
in meine Seele, meinen Geist.

Gern will ich geben meinen Glauben,
all meine Hoffnung und Vertraun,
gern will ich folgen Deinem Strahl
mit all der Kraft, die in mir,
will auf Dich baun mit allem Einsatz meines Selbst,
mit allem, was ich weiß und kann.

Und was ich bin, das bring ich ein
und weiß, nicht schlecht wird mein Werk sein,
doch wirklich groß und wahr
kann es nur sein mit Dir!

Bitte Gott

Bitte Gott um Zuflucht
für deine Gedanken,
damit er sie
reinige und läutere
und führe
in die richtige
Richtung!

Wunscherfüllung

*Wir können Gott um alles bitten,
was wir brauchen.
um jede Kleinigkeit sogar
und auch um jede Gnade.
Wissen wir aber, ob die
Erfüllung unseres Wunsches
genau das Richtige für uns ist
und wirklich eine Gnade
für unser Leben?*

*Oder wäre nicht viel mehr
die eigentliche Gnade
die Nichterfüllung unserer Wünsche,
weil sie das Beste im göttlichen Sinne
für uns wäre?*

*Gott sieht nicht nur uns.
Gott sieht das große Ganze,
das unendlich komplizierte
Gefüge des Lebens,
das wir nicht erkennen,
von dem wir aber ein Teil sind
und das wir durch unsere
Entscheidungen beeinflussen.
Ob uns das nun bewusst ist oder nicht.*

*Gott sieht immer voraus,
er sieht nicht nur den
jetzigen Augenblick
und einen einzelnen Wunsch.
Er weiß, was jede Entscheidung
für das große Ganze bedeutet.*

*Er schaut auf die Auswirkungen
und er kennt unser Herz.*

*Was brauchen wir wirklich,
um unser Leben bestmöglich zu leben?
Was gilt es noch zu lernen
und ist nicht manchmal
ein Stolpern und Fallen
sogar ein Glücksfall für uns,
weil wir sonst vielleicht
geradewegs in unser Unglück
gelaufen wären?*

*Gib dein Leben und deine Wünsche
vertrauensvoll in Gottes Hand,
denn glaube mir,
niemand könnte besser planen!*

Mit jedem Makel

*Nur wer sich annimmt mit jedem Makel,
jeder Unzulänglichkeit, jeder Unvollkommenheit
in dem Bewusstsein, dass Gott ihn dennoch liebt,
der liebt auch sich selbst und ist dadurch erst
bereit für die Liebe zum Nächsten.*

Nimm ALLES

*Gott
beurteilt uns nicht
nach unserem Glauben,
sondern danach,
wie wir leben.*

*Darum . . .
gib dich nicht mit der Welt zufrieden,
wenn du den Himmel
haben kannst!*

Was ist ein Gebet?

*Wenn du betest,
dann errichtest du
in deiner Seele einen Altar.*

*Du erschaffst in deinem Innern
einen heiligen Ort der Kraft,
den Gott mit seiner Kraft
bei jedem deiner Gebete
verstärkt und bereichert.*

*So kann Gottes Kraft,
seine All-Macht,
in dir und durch dich
und für dich wirken.*

*Warum also sorgst du dich,
wenn du doch beten kannst?*

Kraft des Glaubens

Tief im Innern des Menschen verborgen,
da liegt sein Glaube
und ist gleich der Kraft und der Stärke,
mit der er sein Leben bewegt.

Nicht das, was er kann,
sondern das, was er glaubt,
das ist seine Stärke und ist seine Kraft.

Denn für alles,
was immer dem Menschen geschieht,
ist er gerüstet
und zur richtigen Zeit am richtigen Ort.

So ist ihm alles und jedes erreichbar,
umschließt seine bloßen Fertigkeiten der Glaube,
der ihnen die Kraft zum Erfolge verleiht.

Denn Glaube ist
des Erfolges unentbehrliches Medium
als Träger geistiger Energie.
Sie allein rückt ihm ein Ziel zum Greifen nahe,
das ihm sonst unerreichbar bliebe.

Gib nicht auf!

Du meinst, die Lasten und Bürden
deines Lebens nicht mehr ertragen zu können.
Du möchtest sie verzweifelt von dir werfen,
weil du glaubst, dass deine Kraft nicht ausreicht.

Hast du einmal darüber nachgedacht,
warum deine Lasten und Bürden
zu deinem Leben gehören?

Gott gibt uns nichts ohne Sinn zu tragen
und auch nie mehr, als wir bewältigen können.

Du fühlst dich schwach,
aber Gott denkt anders darüber.
Er weiß, dass du stark bist,
viel stärker sogar, als du es dir selbst
jemals vorstellen könntest.

Willst du es nicht darauf
ankommen lassen,
ob Gott Recht hat?

Gib nicht auf,
ohne es
herausgefunden
zu haben!

Er wartet

*So weit entfernt
hat Gott sich von dir?*

*Dabei ist er doch näher dir
als deinem Körper die Haut,
näher dir als die Luft,
die deine Lungen atmen,
näher dir selbst
als deine eigenen Gedanken!*

*Nie ist er auch nur einen Schritt
von dir fortgegangen.*

*Immer steht er bereit
an der Pforte deines Herzens
und wartet auf
Einlass.*

CARTE BLANCHE

*Ich gebe Gott die „Carte-Blanche",
mein ganzes Leben mit hinein,
an jedem Tag, nicht nur „Dimanche",
will ich in seinen Händen sein.*

Einheit

Deinen Namen will ich nennen.
Von Deinem Wesen will ich sprechen,
und Deine Wahrheit will ich künden.

Deine Weisheit führet mich,
Deine Liebe leitet mich,
und Deine Gnade lässt mir leuchten
das Licht der göttlichen Erkenntnis.

Es zeigt die Einheit allen Seins,
ein Ursprung,
eine Wahrheit,
ein Leben,
ein Bewusstsein,
eine Liebe.

Denn Du bist eins
und Du bist alles
und alles daher immer
eins.

Schutzengel

Du weißt, dass ein Engel dich immer begleitet,
dass Höhen und Tiefen er mit dir durchschreitet?
Wenn sündhaft du handelst, empfindet er Scham.
Sein Herz wird ihm schwer aus Trauer und Gram.

Doch was du auch tust, er verurteilt dich nicht,
denn er sieht das Leben aus höherer Sicht.
Seit du und dein Engel einander verbunden,
hat immer nur Liebe für dich er empfunden.

Vielleicht sogar ahntest du innerlich schon,
dass Zeugnis er ablegt vor göttlichem Thron
von all deinem Denken und all deinem Tun,
als wandele selbst er in deinen zwei Schuh'n?

Im Grunde der Wahrheit,
im Grunde des Seins,
ist er Teil von dir
und seid ihr beide

EINS.

Der Ruf des Engels

Es war eines Nachts,
da rief mich mein Engel
zweimal beim Namen.

Es war des Nachts,
als mein Engel mich weckte
aus tiefem seelischen Schlaf,

um meine Augen zu öffnen
und mich zu erinnern,
dass eine wichtige Aufgabe
noch vor mir lag.

Nie werde ich diesen Ruf
vergessen, und nie auch
diese Stimme, die in ihrer
weiblichen Sanftheit
das Machtvollste und
Beschwörendste war,
was ich je vernommen habe.

Was Engel so tun

Du fragst mich, was Engel so tun?
Nun, sie begleiten dich, ohne zu ruhn.
Sie hören dir zu und das ohne zu klagen,
sind immer geduldig und stellen nie Fragen.

Erscheinen gern in dir als gute Gedanken.
Sie ebnen dir Wege, befreien von Schranken,
und fühlen sie in dir viel Trauer und Schmerz,
dann legen sie Balsam der Liebe ins Herz.

Oft weißt du nicht, wie und warum es geschah,
die Freude am Leben, sie ist wieder da!
Und schwebst du vor Glück
weil nichts mehr beim Alten,
dann ist es, weil Engel der Liebe dich halten.

Sie wollen so gerne dich allzeit bewahren
vor Elend und Not und auch schlimmen Gefahren,
dir rettende Hand sein in dunkelsten Stunden,
doch sind, ach so oft, ihre Hände gebunden.

Die Engel sind immer in unserer Mitte,
doch keiner greift ein hier so ganz ohne Bitte.
Es ist ihr Gesetz, deshalb dürfen sie nicht,
der menschliche Wille ist heilige Pflicht.

Weil Engel Gott lieben, darum sind sie hier.
Gott aber liebt dich, darum dienen sie dir.
Sie fügen zusammen, sie wirken und trennen
und führen so aus, was wir „Zu-Fälle" nennen.

Rufst du sie um Hilfe, nie ist es vergebens,
dann weben sie mit dir das Netz deines Lebens.

Der kleine Engel

Gestern,
ihr werdet's nicht glauben und doch, es geschah,
ein wirklicher Engel vom Himmel war da!
Er klopfte ganz zart und trat einfach ein,
so leise, dass er muss geflogen wohl sein.

Sein Haar wie von silbrig gesponnenem Gold
und auch seine Stimme, so süß und so hold.
Und bei meiner Treu, er roch! Ach, so gut!
Wie's eben ein Engel vom Himmel nur tut.

Die ganze Gestalt voll Anmut und Stil,
das sieht man bestimmt selbst im Himmel nicht viel!
Sein Lächeln war einfach zu lieblich und schön,
man glaubte das Schimmern von Perlen zu sehn!

Die Augen, sie glitzerten hell wie die Sterne,
auch ihr sähet so etwas sicherlich gerne?!
Sie strahlten mich an, sahen auf meinen Mund,
und ich, ich lud ein zur Adventsfeierstund!

Ich weiß nicht, wieso es geschah,
die Worte sie waren ganz einfach so da.
Nun sitzen wir hier und singen die Lieder.
Vielleicht - wer weiß - kommt der Engel ja wieder?

Das Heilige Lied

*Einst vernahm ich ein Lied
von unsäglicher Schönheit,
von schöpferischem Begehren
und endlos liebendem Empfinden.
Es kam aus dem Zentrum der Welt,
ihrem ewigen Herzen.
In Wellen von Licht flutete es
durch unzählige Welten des Kosmos,
und wo es erklang, brachte es mit sich
die Geburt des Lebendigen.*

*Einst vernahm ich dieses süße Lied.
Ich hörte es bei der Erweckung meiner Seele,
die es in sich aufsog wie ein Mensch den Sauerstoff,
ohne den er nicht lebensfähig wäre.
Meine Seele entstand aus diesen heiligen Tönen.
Sie war erfüllt von Liebe und Freude,
und aus diesem Empfinden heraus
sang sie selbst dieses Lied.*

*Sie sang im tiefsten Gefühl des Wissens
und im tiefsten Gefühl des Einklangs,
sie sang im tiefsten Gefühl des Glaubens,
im tiefsten Gefühl der Hoffnung und des Vertrauens.
Sie sang im tiefsten Bewusstsein der Demut
und der Hingabe an ihren Schöpfer,
im tiefsten und reinsten Erkennen des Lichts und der Liebe -
dem Samen und der Eizelle allen Lebens.
Sie sang, und mit ihr sangen alle Geschöpfe
in froher Bewusstheit ihres Seins.*

Einst vernahm ich dieses Lied.
Oh, ich kannte es genau - genau wie auch du.
Gemeinsam sangen wir es in vielstimmigem Chor
voller Harmonie und Eintracht.
Schön klang es, stolz und aufbäumend,
die Seele erschütternd und doch gleichzeitig
so zärtlich sie streichelnd wie ein Geliebter die Geliebte.
Wo bist du, mein herrliches Lied?

Schon lange habe ich dich so nicht mehr vernommen.
Ach, nicht mehr voller Harmonie bist du,
sondern von schriller Dissonanz, dass es mich schaudert.
Abgewendet haben sich die Menschen von dir,
die Ohren taub vom grellen Getümmel,
Seelen und Körper krank von Habgier und Neid,
von Ungeduld und Unzufriedenheit,
von Lieblosigkeit und Hass und von der Selbstsucht,
die so unruhig schlagen lässt das Herz -
die Welt davon ausgebeutet und erschöpft.

Wo nur ist es, mein herrliches Lied?
Manchmal meine ich es wieder zu hören,
ein stilles, zartes Klingen - wie verweht -
und erinnere mich, immer besser und immer mehr und mehr.
In mir singt dieses Lied noch immer
seine wunderbare Melodie!
Nur so leise, dass ich selber erst ganz still werden muss,
um es zu hören.

Auch in dir - in deiner Seele eingeschlossen - ist dieses Lied.
Auch du kannst es hören, dieses verheißungsvolle Lied,
nach dessen Klang deine Seele verlangt in jedem Augenblick.
Spürst du nicht das unsichtbare Band, wie es leise dich zieht?
Ja, noch immer hält es dich fest, denn nie lässt es dich los!

Gib ihm nach, diesem Ziehen, folge ihm,
und du wirst sie finden, deine verlorene Heimat.
Immer und überall dort ist sie, wo Menschen vereint
das heilige Lied von Licht und Liebe singen.

Darum erinnert euch und findet sie wieder, die heiligen Töne!
Schließt eure Seelen auf mit den magischen Schlüsseln
der Liebe und Nächstenliebe und salbt ihre Wunden
mit dem heilenden Balsam der Barmherzigkeit.
Löscht ihr hungriges Brennen
mit dem kühlen Trunk der Zufriedenheit
und bringt mit dem ruhigen Atem der Geduld
ihre Unrast zum Schweigen.
Erwärmt mit dem Lächeln der Freundschaft
ihre kalte Einsamkeit, und lindert ihre Verzweiflung
mit den tröstenden Worten und Gesten der Hoffnung.

Lasst die heiligen Töne ihr reines Echo finden
in eurer Wahrhaftigkeit, in eurem Glauben
und in eurer vertrauensvollen Hingabe an euren Schöpfer.
Ich bitte euch, singt!
Singt, jeder einzelne von euch - so gut ihr es versteht!
Singt, seid ihr am Anfang vielleicht auch nicht viele.
Singt, oh singt das heilige Lied,
dass immer mehr Menschen
es vernehmen und darin einstimmen:
Menschen aller Rassen, Menschen aller Völker,
Menschen aller Konfessionen - nicht nur in Europa,
sondern über alle Länder, Grenzen und Kontinente hinweg!

Ihr fragt nach dem „Herzschlag der neuen Zeit"?
Wie kann er stark sein und voller Kraft
und in vollkommener Gesundheit,
wenn ihr ihm die Nahrung verweigert,

die aus der Liebe kommt?
Wie könnt ihr eine goldene Zukunft erwarten
voller Frieden, Glück und Licht,
wenn ihr selber nur Dunkelheit anzieht?
Singt, ich bitte euch, singt,
um euer selbst und um aller willen!
Singt das heilige Lied von Liebe und Licht,
denn ohne dieses Lied bleibt jede Zukunft dunkel.

Sonne meiner Welt

Du bist die Sonne meiner Welt,
die meinen Weg bei Tag erhellt.
Du bist der warme Schein bei Nacht,
der dunklen Weg voll Hoffnung macht.

Du bist die Welt und Heimat mir,
ein Tropfen, Quelle, Ozean.
Ich bin die Endlichkeit in dir,
die mit dir nie vergehen kann.

Bist Vater, Mutter, Lehrer mir,
die Praxis und die Theorie.
Du bist das Ich, das Du, das Wir,
der Schöpfer und auch das Genie.

Du gibst mir ständig Rätsel auf
und lehrst durch deine Werke mich
des Lebens weisen Sinn und Lauf.
Im Kleinsten selbst entdeck ich DICH.

Allein?

*Du fühlst dich klein, so einsam und verloren
wie ein Sandkorn im ungewissen Strom des Meeres.
Du glaubst, du bist allein im Kampf des Lebens,
den niemand anders kämpfen kann als eben du,
denn kein andrer kann dein Leben für dich leben,
weil es dir gehört für alle Ewigkeit.*

*Und Verzweiflung überkommt dich und Angst,
wenn du es dir erlaubst, darüber nachzudenken.
Du fragst: Was war und was wird sein?
Denn aus dem Ungewissen kommst
und in das Ungewisse gehest du.*

*Sag, weißt du nicht, dass niemals du allein?
Dass jeder Herzschlag dir erzählt von Ihm,
der näher dir als selbst die Luft,
die deine Lungen atmen.
Nie bist du allein, denn in allem,
was dich auch umgibt,
ist Er zu finden und spricht zu dir.*

*Er ist im Rauschen des Meeres
und im Flüstern der Blätter.
Er berührt deine Haut
im warmen Wind des Sommers
und im zarten Schmelz des kühlen Schnees.
Er jubiliert mit der Lerche,
und kein Ton erreicht jemals dein Ohr,
den Er nicht vorher kannte.*

*Und doch spricht nichts so deutlich zu dir
wie die Stimme deines eigenen Herzens,
durch die Er zu dir spricht.
Wenn du nur lauschen wolltest und verstehen!*

Höre Seine Stimme,
die dir von Weisheit kündet und von Wahrheit.
Spüre Seine Liebe,
die die Wunden heilt,
die dir das Leben schlug.

Gib dich auf in Ihm,
der dich geborgen hält in seinen Händen.
Und keines Engels Flügelschlag
kann jemals dir so nahe sein wie Er,
denn du bist geworden
aus Seinen Gedanken
und Seiner Liebe,
weil Er dich wollte.

Eine Sonne sein

Ich möchte sein eine Sonne,
die ihre Strahlen aussendet
in jeden Winkel der Erde,
in jedes lebende Herz von Mensch,
Pflanze und Tier, um es zu erfüllen
mit liebendem Bewusstsein.

Und bin doch nur ein Mond,
unfähig der eigenen Strahlung,
wenn ihn nicht bescheint
die wahre Sonne des Lebens.

Ich wünsche mir Kirche

Ich wünsche mir Kirche
als lebendiges Forum
des göttlichen Wirkens,
in dem sich jeder Mensch
in seiner persönlichen
Religiosität und Einzigartigkeit
angenommen und aufgehoben fühlt.

Ich wünsche mir Kirche
als lebendiges Forum
ohne Vordenker und Vorschreiber,
die sich in starren Dogmen verewigen.

Dogmen in der Beziehung
zu Gott sind Entmündigung
des Göttlichen in uns und
damit eine Beleidigung Gottes.

Nicht die Kirche sollte unser Leben
ausfüllen und bestimmen, sondern
Gott unser Leben und die Kirche!

VI.   Vom Inneren und Äußeren

Himmlische Regentropfen

Tief, dunkel und geheimnisvoll,
so liegt der See, der in mir,
und tauchen auch meine Hände
schöpfend in seinen unbewegten Spiegel,
so wird doch nicht geringer seine Tiefe.
Denn verborgen füllt neues Geheimnis
wie himmlische Regentropfen
sanft kreisend seine Wasser.
So gebe ich dir,
der du zu trinken verlangst,
aus diesem reichen Quell
und werde doch nicht ärmer.
Und die Früchte des Gartens an seinem Ufer,
den seine Fluten wässern,
sie kann ich brechen,
um deinen Hunger zu stillen -
und doch wird dem Garten nichts fehlen.

Wie, was und wer bist du?

Menschen definieren sich über viele Dinge
wie Schönheit, Können, Erfolg, Anerkennung,
Geld, Intelligenz und Macht.

Kaum einer definiert sich über sein Herz.
Gott aber definiert dich nur darüber.

Sei wie ein Baum

Sei wie ein Baum ...
der tief und fest in der Erde wurzelt.

Sie gibt ihm die Kraft, seine Zweige und Knospen
zu entfalten und der Welt all die Schönheit
zu offenbaren, die in ihn gelegt wurde.

Sei wie ein Baum ...
er stellt sich jeder Lage, wie sie auch kommt.
Er erträgt Hitze, Kälte, Sturm
und Regen und Trockenheit.

Sei wie ein Baum ...
solange er nur kann, wächst er an Wurzeln,
Stamm und Krone und trägt Frucht.
Sein Bestreben ist immer,
so aufrecht wie möglich
dem Himmel entgegenzuwachsen.

Sei wie ein Baum.

Ideale Maßnahme

Halte dich an dein Ideal,
das nichts Geringeres sein sollte
als Jesus Christus, und messe
all deine Handlungen an ihm.

So erkennst du ihren wahren Wert,
und so wirst auch du einst gemessen werden -
an deinem wahren, inneren Selbst
und an deinen gelebten Idealen.

Sag, wann ist man alt?

Ist man alt,
wenn die Haare grau sind?
Ist man alt,
wenn man nicht mehr laufen kann,
wenn die Knochen wehtun,
die Zähne wackeln und das Kinn?

Ist man alt,
wenn die Haut statt rosig frisch sich runzlig zeigt
und statt klarem Auge trüb der Blick?
Ist man dann alt? Wirklich alt?

Nein! Das allein zählt nicht.
Richtig alt ist man erst dann,
wenn die Augen nicht mehr
neugierig ins Leben blicken,
wenn das Herz aufhört,
froh mit ihm im Takt zu schlagen.

Alt ist man dann,
wenn die Gefühle sich zur Ruhe setzen,
wenn die Liebe zum Leben schweigt.
Alt-Sein ist eine geistige Tür, die man schließt.
Alt-Sein ist nicht äußerlich.
Alt-Sein ist innerlich.

Stimme der Liebe

*Die Stimme der Liebe sprach
aus deinen Augen.*

*Die Stimme der Liebe sprach
aus deinen Worten.*

*Sie sprach aus deinem Lächeln
und deiner Zärtlichkeit,
sie sprach aus deinem Begehren.*

Ich habe die Stimme der Liebe gehört.

*Sie sprach meinen Namen
und öffnete dir mein
Herz.*

Äußeres und Inneres

*Frieden
beginnt in uns selbst.
Auch die Liebe finden wir
erst in uns selbst und tragen
sie dann in die Welt durch unsere
Gedanken, unsere Worte und Taten.
Jeder verbessert die Welt dadurch,
dass er sich selbst verbessert.
Immer findet alles Innere
seine Entsprechung im
Äußeren.*

Samen des Geistes

Streue gute Worte, gute Taten aus
als Samen deines Geistes.

Sorge dich nicht,
ob sie jemals Früchte tragen
oder sie der Wind verweht.

Denn der Herr wird es richten.
Er weiß um jedes Wort und jede Tat,
um jeden Gedanken!

Ausgeraubt

Nicht geladen, doch willkommen,
traten Räuber in das Haus, denn
respektabel waren sie.

Reue, Sorge hießen sie, und
meistens kamen sie zu zweit.
Stahlen seine Schätze und

saugten Kraftreserven leer.
Schlossen seine Fenster vor der
Sonne und des Tages Kurzweil.

So missbrauchte
Gastfreundschaft vertrieb die
rechtmäßig dort Wohnende:
Freude.

Die Skepsis

Wer kann beweisen, was sichtbar nicht ist?
Wer kann beweisen, dass Seele du bist?
Wer rechnet aus deines Inneren Wert?
Wer stellt dir fest, was doch niemand erfährt?
Mag es auch mancher erklärend beschreiben,
so wird es doch ohne Beweise noch bleiben.
Was tief drin im Herzen ich wissend erfühlt,
zersetzt so ein Zyniker leicht unterkühlt.

Kommt mir mit Logik und reinem Verstand,
weist meine Ideen ganz strikt von der Hand;
braucht stets zum Glauben erstmal Beweise
und dreht sich dadurch oft selber im Kreise.
Hat kein Verständnis mir zu schenken,
sondern nur Skepsis und Bedenken.

Und doch, wer von uns beiden
ist denn nun wirklich zu beneiden?
Ist es nun der, der durch Verstand
des Innern Weitung unterband?
Oder doch der, der sicher ruht
im festen Glauben, voller Mut?

Im rechten Maße angewandt,
ist nützlich Skepsis mit Verstand.
Sie schärft die Augen wie die Brille,
die angepasst ist der Pupille.
Doch ist der Schliff zu stark und fest,
sie uns verschwommen sehen lässt.
Von Klarheit bleibt dann keine Spur,
zu sehn ist eitel Skepsis nur.

Bei Skepsis ist stets drauf zu achten,
auch sie mal damit zu betrachten.
Wer so verfährt, der schärft den Blick
auf's rechte Maß sofort zurück.
Skepsis in sich ist stets Beschränkung
und dadurch auch der Fülle Feind,
die nur erwächst aus der Versenkung
und Kühnheit und Idee vereint.

Kein Fortschritt ohne diese beiden,
und darum kann ich sie gut leiden.
Die Skepsis, dieses Hindernis,
ich eig'ntlich niemals recht vermiss.
Hätt sie sich dauernd durchgesetzt,
wo wären wir denn alle jetzt?

Tränen?!

Bist traurig du,
so schäm dich deiner Tränen nicht.
Es liegt in ihnen
eine ganz besondre Kraft.
Lässt du sie einfach rinnen
über dein Gesicht,
dir diese Kraft
ein neues Lächeln schafft.

Mir war heut so

Mir war heut so, mir war heut so . . .
war nicht nach das und nicht nach dies,
mir war heut so . . . so nach . . . Türkis!

Ganz maßlos mich jedoch es quälte,
dass diese Farbe sichtlich fehlte.
Sie war ganz einfach nicht vorhanden
und hätt grad heut mir gut gestanden.

Sogleich beschloss ich auszugehen
und diese Farbe zu erstehen.
Verkäuferinnen guckten bloß
bei meinem Wunsch verständnislos.

Die Suche mache keinen Sinn,
denn diese Farbe sei nicht „in"!
Da fühlte ich mich gänzlich mies
und wollte mehr denn je: Türkis!!

Türkis, so wurde ich belehrt,
war vor zwei Jahren sehr begehrt,
und da hätt ich es kaufen sollen.
Doch da hab ich's nicht haben wollen.

Mir stand doch heut erst, ach wie fies!,
der Sinn begehrlich nach . . . Türkis.

Das Schweigen

Überdrüssig bin ich der Worte, der vielen.
Sie sind wie das ewig murmelnde Plätschern
des seichten Baches,
der so damit beschäftigt ist, dahinzueilen,
dass er darauf vergisst, was seine Quelle speist.

Ich sehe ihm bis auf den Grund
und wende mich ab,
denn nichts fesselt meinen Blick
und meine Sehnsucht,
nichts zieht mich an mit dem Rätsel der Tiefe,
weil sie dort nicht ist.

Ich liebe den stillen Glanz des ruhigen Wassers,
tief und geheimnisvoll,
der mich einlädt
hinabzutauchen und zu entdecken:
im Schweigen
Denn ich weiß, nur aus dem Schweigen
kommen die großen Gedanken.

Stille

Einsamkeit, schwere Zeit.
Doch Zeit auch der Gelegenheit.
Gelegenheit zum sanften Denken,
zum ganz bewussten Hinversenken
in deines Innern ewges Wissen,
wo du auch findest dein Gewissen.

Der Fragen Antwort, sie liegt dort
so wie an keinem andern Ort.

Ganz in der Stille, in der Ruh,
da lausche tief und höre zu,
und du erfährst, was du gefragt
und dir noch niemand je gesagt.

All das, was je erdacht,
all das, was je gemacht,
all das, was immer war und ist,
davon auch du ein Teil ja bist.

Da jedes Teil das Ganze kennt,
es innerlich beim Namen nennt,
so findest du dein ganzes Glück,
ziehst du nach innen dich zurück.

Tor der Stille

Geh durch das Tor der Stille,
und höre ihr Rauschen,
und sieh,
was geblendet ins Dunkle das Licht.
Verschließ deine Sinne,
und mache sie frei,
damit sie unendlich verschmelzen
zu einzig Gefühl
in des nächtlichen Tages
klarem Dunkel.
Und so höre mit deinem Gefühl,
und so fühle dein Sehen,
und so erfühle
der untastbaren Dinge
Struktur und Gehalt.
Mache dich leer,
um erfüllt zu werden,
vergiss, was du weißt,
um allwissend zu sein,
und gib auf dein Ich,
um dein Selbst zu finden.

Geh durch das Tor der Stille,
denn das Tor der Stille
ist das Tor des Lebens.

Laute Stille

Ganz gleich,
wie laut und hektisch unser Leben ist,
einmal kommt der Punkt,
und die Stille wird laut,
sie wird hörbar, erfahrbar
und spricht zu uns.

Die Stille ist stärker und machtvoller
als alle Geräusche und Zerstreuungen,
denn in ihr konzentriert sich das Leben.
Höre ihr zu! Lausche ihr!
Sie kennt alle
Geheimnisse des Lebens.

Reizvoll

Den Reiz des Menschen meistens weckt,
was planvoll züchtig zugedeckt.
Dort wendet sich das Auge hin,
weil es sich fragt:
Was ist da drin?

Licht

Und immer kommt ein neuer Morgen,
so dunkel auch die Nacht mag sein,
und lässt vergehn des Finstern Sorgen,
lässt Licht in unser Herz hinein.

Es bringt uns Hoffnung und auch Mut,
kühlt sanft die Stirn und wärmt das Blut,
vertreibt die Angst und lässt dich wagen,
zum Leben freudig ja zu sagen.

Das Licht erhellt des Lebens Schatten,
es zeigt dem Auge Weg und Ziel
und lässt uns sehen, was wir hatten,
bevor wir spielten unser Spiel.

Weckt so die Sehnsucht, heimzugehen,
aus trübem Dunkel in das Licht,
um es für immer anzusehen,
und mehr braucht eine Seele nicht.

Denn Licht ist Wärme, Freude, Liebe,
ist ewige Geborgenheit,
und ohne Licht nur Dunkel bliebe
und ewige Verlassenheit.

So folg des Morgens hellem Strahl,
lass hinter dir die dunkle Nacht.
Triff frohen Herzens deine Wahl,
und Dunkelheit verliert die Macht.

Zum Geburtstag

Ich wünsche dir
für dein neues Lebensjahr
Gesundheit und Fröhlichkeit,
einen blauen Himmel,
von dem die Sonne
dich warm bescheint,
aber dann und wann auch
ein wenig Regen zum Wachsen.

Ich wünsche dir
liebe Menschen,
die nicht nur mit dir lachen,
sondern auch mit dir weinen,
Menschen, die dich in deiner
Einzigartigkeit sehen
und verstehen.

Ich wünsche dir
ein offenes, dankbares Herz
für die kleinen Wunder dieser Welt,
denn das macht zufrieden.

Ich wünsche dir,
dass du das Staunen
und die Neugier auf das Leben
nicht verlierst,
denn das erhält jung.

Was ist da schon ein weiteres Lebensjahr?
Doch nur eine bedeutungslose Zahl!

Inszeniertes Weihnachten

*Ein perfektes Weihnachten,
dafür geben wir alles,
Zeit und Geld.
Und ist es dann da,
dieses Weihnachten,
durchgestylt und perfekt,
wird uns bewusst, dass es
nur mehr eine leere Hülle
von Weihnachten ist,
eine Äußerlichkeit,
pure Förmlichkeit.*

*Weihnachten,
so perfekt inszeniert,
so glitzernd, luxuriös und üppig.
Alle Türchen des
Adventskalenders stehen offen.
Nichts fehlt,
außer dem letzten Türchen,
das sich nicht öffnet:
dem Türchen zu unseren Herzen.*

VII. Von Jahreszeiten und Emotionen

Sein wie sie

*Ich möchte sein wie sie,
unerschütterlich und ruhig,
was auch kommen mag.
Immer in meiner Mitte
und nie den Tränen nah.*

*Ich möchte sein wie sie,
immer Haltung bewahren.
Selbst wenn an ihr
das Leben zerrt,
steht sie noch da*

*in Anmut, Schönheit
und Gelassenheit.
Lächelt unberührt
das Lächeln der Gioconda.
Ich möchte sein wie sie.*

*Aber ich kann es nicht sein,
denn sie ist aus
Metall und Stein.*

Lauf der Dinge

Weiche Flocken leise fallen,
decken sanft die Erde zu.
Töne wattegleich verhallen,
alles liegt in tiefer Ruh.
Friedlich sieht die Erde aus,
ohne Hast und ohne Sorgen,
so, als wär in jedem Haus
nur liebevolles Glück geborgen.
Möcht es halten, möcht es fassen,
weil so schön ist, was ich seh.

Doch ich weiß, ich muss es lassen,
weil ich nur allzu gut versteh,
dass jedes Ding hat seine Zeit
und darum auch Gelegenheit.
Ich kann's nicht ändern, kann's nicht zwingen,
Vergangenes nicht wiederbringen.
Kann das, was jetzt ist, nicht behalten,
die Zukunft nicht zu früh entfalten,
und zu verändern Zeit und Raum
ist allenfalls ein schöner Traum.

Ich muss mich einfach darin fügen
und mit dem Jetzt und Hier begnügen.
Das Leben nutzen, wie's sich schenkt,
nicht ohne Grund ist es gelenkt,
und nichts fällt mir bedingungslos
von ganz alleine in den Schoß.
Gehn mit dem Leben, nicht dagegen,
das ist allzeit
der wahre Segen.

Der Gegenlauf, er raubt viel Kraft,
und keiner hat ihn je geschafft.
Denn niemals fließt der Strom zur Quelle,
entspringt niemals des Meeres Welle.
So hält auch jede Jahreszeit
das ihr Gemäße stets bereit.
Ordnung und Sinn stehen immer dahinter,
und nur ein Tor verlangt Erdbeern im Winter.

Vorfrühling

Noch schmeckt winterfrisch die Luft
und lässt erzittern das Land,
doch unter modrigfeuchter Blätterdecke
regt schon schüchtern zart sich neues Leben.
Eine erste Amsel
singt verwegen ihr lang entbehrtes Lied
von Frühling und von Sommer,
süß, schmeichelnd und verheißungsvoll.
Und leises Glück erfüllt mein wintermüdes Herz.
Wie dankbar ich doch bin -
zu leben!

Lebensblühn

Wie ist im Frühling die Natur
doch reich an Hoffnungsgrün,

dass alles Streben, alles Mühn
nur mündet ein in Lebensblühn.

Klartext ...

*Frühling ist
und ich SAGE euch!
Diese Jahreszeit kann uns
nichts Gutes bringen fürderhin:
Die Welt steht Kopf!*

*Finken SCHLAGEN,
sogar Bäume SCHLAGEN aus.
Hat man Derartiges
schon mal gesehen?*

*Die Welle der Gewalt
reißt nicht ab und zieht Kreise.
Sah ich doch schon
ein Kind Rad SCHLAGEN!*

*Der Specht HÄMMERT
auf unschuldige Bäume.
Blumen SCHIEßEN aus der Erde,
der Spargel wird GESTOCHEN.*

*Wie von Sinnen ist die Welt!
Was mag uns durch den Frühling
und sein unbeherrschtes Wesen
wohl noch alles an Tollheiten
ins Haus stehen?!*

*Wo soll das noch hinführen??
frage ich und HAUE mal
ordentlich auf den Tisch.
Vielleicht versteht Herr Lenz
nur diese Sprache?*

Dann ist Sommer!

Wenn prachtvoll üppig Erde grünt
und wenn der Himmel sich erkühnt
und strahlt ... und blaut ...,
wenn Lebensfreude in uns schaut,

wenn Blütenbunt sich duftend mischt,
des Vogels Lied das Ohr erfrischt,
wenn Kinderstimme fröhlich lacht
und laue Luft durchweht die Nacht,

wenn warm nach Wald es riecht und Heu
und Korn sich trennt von seiner Spreu,
wenn es in Lüften summt und sirrt
und Hitze Haut und Haar umflirrt,

wenn Blick in Wolken sich verirrt
und Schwüle das Gehirn verwirrt,
wenn Spannungen sich jäh entladen
und kühle Tropfen alles baden,

wenn's Leben prallt und tanzt und schwingt
und es im Herzen spürbar singt,
wenn Mensch die Sorgen fast vergisst,
weil's Leben einfach schön nur ist:

Dann ist Sommer, ja,
dann ist Sommer ...!!

HERBST

*Es pflückt der Herbst des Sommers Fülle,
die letzte Rose duftet noch am Strauch.
Sie fröstelt in des Nebels Hülle,
und würzig steigt des Feuers Rauch.*

*Es geht gebückt die Sonne nun,
noch reicht uns ihre Kraft zum Wärmen.
Schon lange wartet sie sich auszuruhn,
und überall die Vögel unruhig schwärmen.*

*Es glüht der Herbst den Sonnenstrahlen
im leidenschaftlich und verzweifelt Kuss.
Weil er schon bald dem fahlen
und kahlen Winter weichen muss.*

*Es reifen violett noch späte Beeren,
die letzte Süße gilt es zu erleben.
Was ist, steht auf in heftgem Wehren,
um sich dann doch zu fügen, zu ergeben.*

*Es ruht der Same still im mütterlichen Schoß,
es sind verstummt der Lerche jubelnd Lieder.
In rauen Lüften krächzen Krähen bloß
und plustern schwarz auf ihr Gefieder.*

*Es hat gepflückt der Herbst die Fülle,
die letzte Rose darbt am magren Strauch.
Sie duckt sich unter Eises Hülle,
und beißend steigt des Feuers Rauch.*

„Heiße Hilde"

Blätter fallen und es windet,
Kühle kommt und Wärme schwindet.
Klamme Hände, klamme Füße
schicken zitterige Grüße.
Frostig kriecht es in die Glieder,
Mensch erkennt sich nicht mehr wieder.

Auch in der Beziehungsweise
gibt's Kälte mal bis hin zum Eise.
Das Leben scheint nicht lebenswert,
wenn die Beziehung so gestört.
In beiden Fällen schenkt die Hilde
als Heißgetränk dem Menschen Milde.

Durchblutet Körper, Geist und Herz
und lindert auch Beziehungs-Schmerz.
Erwärmte Zungen finden schon
ganz von allein den richtgen Ton.
Hat Körper und Beziehung Not,
bringt Hilde sie ins rechte Lot.

Unbehagen, Winterkühle
verwandelt sie in Lustgefühle.
Als „Heiße Hilde" wohlgemerkt,
weil das ins Gute alles stärkt.
Wollt halten ihr euch stets beweglich,
empfehle ich sie dreimal täglich.

Wandern, wandern

Wenn Trauben reif am Rebstock stehen
und blauer Himmel ist zu sehen,
wenn sanft sich wiegen bunte Blätter
und dich verlockt ein solches Wetter,
dass nichts mehr dich am Sofa hält,
und du hinaus musst in die Welt

und wandern, wandern, wandern!

Herbst und Tod

Die warme Herbstluft gaukelt mir vom Leben,
wo jeder Atemzug doch füllt die Lunge
mit herber Erde, Sporen der Vergängnis.

Die milde Sonne gaukelt mir vom Leben,
wo das Myzel Verwesung jede Zelle
in meinem Körper doch schon längst durchkrallt.

Das Bunt des Herbstes gaukelt mir vom Leben,
wo mit der Sanduhr des Verfalls doch kämpft
Erneuerung - so mutig wie verloren.

Der blaue Himmel gaukelt mir vom Leben,
wo grausam doch das Krebsgeschwür des Todes
in jedem Keime sich bereits besiegelt.

Ja und doch! Wie gerne lass ich gaukeln mir,
vom Leben mich betören und verführen,
lass siegen Freude über Todeswissen
und tanze singend ihm ins Angesicht.

Mahnmal

Schwarz ist der Stern,
der dir kündet vom Hass
und dem daraus erwachsenen Leid
des Volkes Davids.

Weiß sind die Gräber
der zahllos gemordeten Unschuld.
Doch ihre stummen Schreie
bleiben nicht ungehört,
sondern finden Widerhall
in den Herzen der Gerechten.
So dass sie werden
zum Licht der Hoffnung,
aufgenommen und reflektiert
im klaren Glas der Spitze,
die gen Himmel weist.

So sei dieses Mal Mahnung
und zugleich Ausdruck der Hoffnung
auf eine erleuchtete Welt
jenseits des Hasses
und diesseits der Liebe.

Das Mahnmal
Entwurf und Zeichnung von
Klaus Zydek

Herzschlag

Unser Herz schlägt.
Unaufhörlich und meistens
ruhig und gleichmäßig.
Tägliche Routine eben.
Wir funktionieren.

Sobald wir aber Gefühle erleben,
bricht das Herz aus der Routine aus,
hüpft uns womöglich vor Freude in der Brust.
Es kann uns sogar aufgehen und
fast zerspringen dabei, uns
federleicht werden oder bleischwer,
uns aber auch schnöde im Stich lassen
und einfach für jemand anders schlagen.

Es kann aber auch wie wild hämmern
oder stocken vor Furcht,
aus lauter Angst sogar seinen Standort
verändern und in die Hose rutschen,
bis zum Halse klopfen,
wie gejagt rasen,
sich schmerzvoll zusammenziehen,
vor Spannung stolpern oder
wonnevoll erbeben vor Glück
bis hin zur Kernschmelze.

Ob das alles angenehm ist oder nicht,
ist gar nicht so wichtig, denn wenn
wir unser Herz fühlen, richtig fühlen,
fühlen wir bewusst, dass wir
L E B E N .
Das schönste Gefühl überhaupt.

Angst vor dem Leben

Habe keine Angst,
vertraue dem Leben.
Breite einfach deine
Arme aus und straffe
deine Schultern.

Mit einem tiefen Atemzug
schließe deine Augen.
Und dann hebe ab und fliege,
dem Himmel entgegen.

Dein Vertrauen wird dich tragen.

Gevatter Tod

Ach, Dank gebühret dir,
Gevatter Tod,
dass endlich,
einmal nur,
der Bettler gleich
ist einem Herrn.
Wär ich auch König,
so müsst ich doch
vor dir die Knie beugen!

VIII.   Von Raum und Zeit und Veränderung

Verändere die Welt

Hoffnung
lässt unsere Träume und Sehnsüchte
zu Lebensvisionen reifen.

Glaube
stärkt unsere Fähigkeiten, diese Träume und
Wünsche zu verwirklichen, aber die

Liebe
schenkt uns die Demut, um uns dabei
vor Selbstsucht und Gier zu bewahren.

Der Mensch,
der Glaube, Hoffnung und Liebe
in sich trägt,
kann nicht nur sein eigenes Leben
zum Guten verändern,
sondern die ganze Welt.

Ein Tag wird kommen

*Ein Tag wird kommen
gar dunkel und schwer.*

*Ein Tag wird kommen
von Freude so leer.*

*Ein Tag wird kommen.
Oh, denke daran,
wenn sich der Himmel aufgetan.*

*Ein Tag wird kommen,
so schwer und so grau.*

*Der Tag wird kommen,
ich weiß es genau.*

*Und es wird sein der Tag so wie drei,
eh es mit Angst und Trauer vorbei.*

*Ich bitte dich, fürchte dich nicht!
Hinter dem Dunkel ist immer das LICHT!*

*Das ist die Gewissheit, die ich dir heut sag:
Aufgehen wird ein erneuerter Tag.
Er wird sein ohne Morgen, wird sein ohne Gestern.
Er kennt keine Feinde, nur Brüder und Schwestern.
Er kennt keinen Tod, kennt nur das Leben.
Vertraust du der Liebe, wird er dir gegeben.*

*Es wird kommen ein Tag
voll Schönheit und Licht.
Es wird kommen der Tag,
vergesse es nicht!*

Drei dunkle Tage gehen voran,
die nur dein Herz erleuchten kann.
Fang ein das Licht in deinem Herz,
zu lindern ihren dunklen Schmerz!

Drei Tage musst du überstehen,
um eine Neue Welt zu sehen!

Raum und Zeit

Die Zeit ist rastlos und ist wählerisch,
verweilt nicht lang am kargen Ort.
Der Wind ist sie in deinen Segeln,
der gnadenlos dich weitertreibt
und fort von dir aus deinem Raum.

Mit Macht bläst sie dich vor sich her,
dir spottend, denn du huldigst ihr.
Du gibst ihr Raum, anstatt dem Raume sie,
und du bezahlst - mit deinem Leben.

Reffe die Segel, Kapitän,
und lade zum Gastmahl die Zeit!
Durchwirke den Raum und lass ihn erblühen,
dass sie ihn füllen mag mit Gegenwart
und Anker wirft, um auszuruhen.

Eine Weile.
Ganz still steht sie im innren Raum allein,
weil dort nur sie sich selbst vergessen kann.

Anker der Zeit

*Der Mensch lebt
in den Koordinaten
von Raum und Zeit.*

*Der Raum ist der Anker der Zeit,
das Bett, in dem sie ruhen
und verweilen kann.
Der Raum und nicht die Zeit
ist Schöpfung, Kraft und Leben.
Der Raum ist Gegenwart,
ist Jetzt, ist Hier.*

*Die Zeit aber scheint
der Fluch zu sein,
der ihn aus dem Raum zwingt,
wenn er ihn nicht entsprechend
verwaltet und gestaltet.*

*Dadurch entfernt der Mensch sich
von sich selbst,
von seiner Seele,
seinem Schöpfer.
Er hastet durchs Leben,
vom Leben weg
und bezahlt mit seinem Leben.*

Alles dauert, solange es dauert

*Wer das Leben aufmerksam betrachtet,
erkennt, dass Wachstum und Aufbau
langsam und geduldig geschehen. Überall
um uns herum macht die Natur es uns vor.
Ihre Schritte sind dabei so winzig wie ihre
Bausteine, und Zeit hat für sie keine
Bedeutung. Alles dauert, solange es dauert.*

*Die spirituelle Entwicklung des Menschen
macht hier keine Ausnahme. Sie arbeitet
nach den gleichen Prinzipien:
Setzen der Saat,
Keimung,
Pflege und Hege
mit viel Hingabe und Geduld,
Reife und Ernte.*

Tag und Nacht

*Aus der Nächte Dunkelgrau
entsteht der Morgen Himmelblau.*

*Über manche Angst der Nacht
Morgensonne heiter lacht.*

Zeitlos

Stell dir vor, es gäbe keine Zeit,
gäb kein Gestern und kein Morgen.

Stell dir vor, es gäbe keine Zeit,
dass es nur immer wäre heute
und nie zu früh und nie zu spät.

Stell dir vor, es gäbe keine Zeit,
dass es nur immerwährend jetzt.
Du könntest handeln hier und heut
und gestern gleich der Zukunft meinen.

Stell dir vor, es gäbe keine Zeit,
und nach des Geistes Schöpferkraft
würd Absicht augenblicklich sein.

Stell dir vor, es gäbe keine Zeit,
dass sie nur Schleier, Illusion,
ein Vorhang nur, der trennt vom Schein.

Hinter ihm liegt wartend Wahrheit,
zeitlos, ewig.

Wächter des Raumes

Es gibt eine Schatzkammer
des Wissens und
der Erkenntnis.

Die Tiefe dieses verborgenen Raumes
öffnet sich erst in der Stille
und in der Zeitlosigkeit.

*Vor seinem Portal jedoch
steht als Wächter die
Zeit und umklammert im
Sekunden- und Minutentakt*

*den Schlüssel zum inneren Paradies,
obwohl er dir gehört.*

Chronik

*Was dich im Herzen berührt und bewegt,
bringt deinen Mund zum Singen.
Denn das, was im Geist und der Seele sich regt,
lässt alles Sein erschwingen.
Es zieht seine Kreise im Wasser des Lebens,
denn nichts auf der Welt ist jemals vergebens.
Gibt ein seine Botschaft ins Wissen der Welt,
wo jeder Gedanke sein Dasein behält,
wo jedes Gefühl, jedwede Tat
ein eigenständiges Leben hat.
Es drückt sich ein ins ewige All
als des Lebendigen Widerhall.
Zieht so seine Spur durch Raum und durch Zeit,
für immer der Chronik des Lebens geweiht.
Sie schreibt jedes Leben ins Weltenbuch ein:
Wie wird dereinst deine Geschichte dort sein?
Zeigt sie sich heiter, von schöner Gestalt,
oder erzählt sie von Hass und Gewalt?
Spricht sie von Liebe, Geduld und Vertrauen
oder von Kummer bei Männern und Frauen?
Glücklich der Mensch, der Schönes nur schreibt,
denn das ist genau, was später ihm bleibt!*

Augenblicklich

*Im Gestern nicht verweile
und nicht im Traum vom Morgen.
Warum nur diese Eile?
Warum nur ständig Sorgen?*

*Dem Augenblicke gib dich hin
und koste seine Süße!
Das Leben schickt nicht ohne Sinn
dir ständig Liebesgrüße.*

*Dem Augenblick entzieh sein Glück,
solange er noch dein!
Genauso kehrt er nie zurück,
auch Essig war mal Wein.*

Einzige Gewissheit

*Der Tod ist nie unser Feind,
wir machen ihn nur oft dazu.
Weil wir ihn nicht verstehen.*

*Dabei ist er nach der Geburt
die einzige Gewissheit
in unserem Leben,
aber nichts,
was man fürchten muss.*

Abschied

Abschied nehmen ist so schwer,
gibt es keine Wiederkehr.
Alles ist gesagt, gegeben,
kommt nie mehr in diesem Leben.
Nichts ist jetzt mehr gutzumachen,
nützt kein Weinen und kein Lachen.
Abgelaufen ist die Zeit,
vorbei ist die Gelegenheit.

Parteipolitik

Vor einer Wahl versprechen die Parteien
den Wählern das Blaue vom Himmel,
um nur ja gewählt zu werden,
und tun dann oft vier Jahre lang
genau das Gegenteil davon.

Befürchten müssen sie nichts.
Sie vertrauen auf die Zeit.
Die wird es schon richten,
denn der Mensch ist vergesslich.

Sollte sich aber wider Erwarten
doch jemand erinnern,
haut man ihm gern ein Zitat um die Ohren:
„Was kümmert mich
mein Geschwätz von gestern?"
Ob aber Adenauer seine Worte
S O
gemeint hat?

Alkohol

*Alkohol
ist ein Geschmacksverstärker
des Lebens.*

*Er macht das Schöne
noch schöner
und das Hässliche
noch hässlicher.*

*Er macht die Freude
noch fröhlicher
und die Trauer
noch tiefer.*

*In sich selbst birgt er
Elend und Glanz
und zeigt dir immer
die Ambivalenz
deines eigenen Wesens.*

*Er ist dir nur der Freund,
der du dir selber bist.*

Vaters Geburtstag

Nie, spricht der Vater, niemals nicht
erhalte ich mal ein Gedicht!
Dass das nicht mehr so weitergeht,
ein jeder nur zu gut versteht.

Es ist nicht einfach so nur schlecht,
sondern ganz schlichtweg ungerecht.
Der Mutter schenkt man Verse, Blumen
und für den Vater bleiben Krumen.

Ein bisschen, denkt er dann für sich,
gibt's meinem Herzen einen Stich,
denn für ein Lob - auch überschwänglich -
ist so ein Vaterherz empfänglich.

Auch er hört gerne liebe Worte,
egal, ob wann, an welchem Orte,
und zu den Blumen in der Vase
steckt gern auch er mal seine Nase.

In dieser Hinsicht - wie man sieht -
gibt es gar keinen Unterschied.
Ich hoff, dass ich nun gutgemacht,
was ich so lange nicht bedacht!

77. Geburtstag

Ganze siebzig und noch sieben,
wo sind die Jahre nur geblieben?
Wo ist das kleine Mädchen nur,
das folgte seiner Lebensspur?

Und wo die junge Frau?
Erinner dich genau,
sie fand zu ihrem Glück den Mann,
dem sie ein Leben treu sein kann.

Den sie umsorgt mit lieber Hand,
mit Herz, Gefühl und auch Verstand,
dem sie zwei Kinder gern gebar
und ihnen gute Mutter war.

Wie lang ist alles das schon her,
doch das Erinnern fällt nicht schwer.
Viel ist geschehn in all den Jahren,
die nicht nur schön und friedlich waren.

Und doch denkt gerne man, welch Glück,
an all die Jahre oft zurück.
Erkennt, dass das, was einst voll Schmerz,
gestärkt und reicher macht das Herz.

Möge Gott es so gestalten,
dass sie uns lang noch bleibt erhalten.
Wir Kinder, Enkel, Kindeskinder
und keiner mehr und keiner minder,

wir gratulieren, weil wir lieben
die runde Siebzig und noch Sieben!

IX.   *Wunder, Wahrheit und Wahrnehmung*

Kein Wunder, dass es Wunder gibt

Du staunst über die großen Wunder dieser Welt
und übersiehst doch das größte Wunder von allen.

Gott ist
in jedem Veilchen, das duftend dir entgegenblickt,
in jedem Grashalm selbst, der unter deinem Fuße knickt,
in jedem Arm, der freundlich sich um deinen legt,
und jeder Trauer, die dein Herz bewegt.
Er ist das Licht nach jeder Nacht und heißer Tage Tau,
im Donnergrollen ist Er und im Himmelsblau.

Er ist im Spatzenruf und Lerchenklang
wie auch im Kinderlied und Chorgesang.
Im Bächlein murmelt Er und braust im Sturm,
Er ist des Adlers Flug und kriechend Wurm.
Er ist der Schmerz, der dir dein Herz zerreißt,
und heilend Balsam doch zugleich,
weil du in deiner Seele weißt:

Durch Ihn erst wird das Leben reich.

Schau hinter diese Welt

*Wer wirklich hinter diese Welt
schauen möchte, der muss sich
hingeben an die Gedanken einer
höheren Macht, einer alles durch-
dringenden Kraft der Liebe, die
lenkt und leitet, ordnet und plant,
der nichts verborgen bleibt,
die versteht, annimmt und gibt
in überwältigender Fülle.*

*Nichts und niemand ist gleich
dieser Kraft, denn sie ist das
Leben in jedem Aspekt, ist Leben
schlechthin. Wer sie erfassen will,
der muss in erster Linie glauben,
glauben, dass alles möglich ist, nichts
umsonst geschieht, Sinn hat.*

*Halte dich fest an diesem Glauben,
und du wirst den Halt finden,
der dich sicher führt durch dieses
Leben, der dir die Plattform bietet,
von der aus du in die Geheimnisse
des Lebens eindringen kannst.*

*Beginne im Kleinen, sieh die Wunder
der Natur, ihren Aufbau, ihre Kraft,
die sie schöpft aus dem ewigen Spiel
von Werden, Wachsen und Vergehen,
diesem ewigen Strom der Energie,
die nie vergeht.*

*Alles strömt aus und alles strömt hin
zu Gottes Kraft, ist ewiger Ausdruck
seiner unendlichen Liebe. Das ist
der Kreislauf des Lebens, er ist
ohne Anfang, und er ist ohne Ende.*

Es gibt keine Wunder?

*Es gibt keine Wunder!
Heute nicht mehr, sagst du.*

*Siehst du denn nicht,
dass immer noch Wunder geschehen?
Jeden Tag, jede Stunde
und direkt vor unseren Augen?*

*Eine Knospe entfaltet sich
und wird zur Blüte.
Ein Neugeborenes
öffnet zum ersten Mal
seine Augen
und begrüßt die Welt.
Eine kleine Hand greift nach der
großen und findet Halt in ihr.*

Das ist das größte Wunder überhaupt:

L E B E N !

*Schau einem Neugeborenen in die Augen
und du wirst in ihrer noch ursprünglichen Tiefe
Gott erkennen, die Quelle aller Wunder,
allen Lebens.*

Leben

Alles Leben Sinn ergibt,
ob man hasst, ob man sich liebt.
Wunderbar sich so ergänzen
unseres Lebens Konsequenzen.
Wiegen sich im ewgen Rhythmus
Werden, Wachsen und Vergehen.
Fügt man sich, weil jeder mit muss,
ohne manchmal zu verstehen.

Wunderst dich, warum im Leben
sich so seltsam Ding ergeben.
Fragst dich, warum du so leidest,
weißt nicht, dass du selbst entscheidest,
und schon ehe du geboren,
fühltest du dich fast verloren,
weil genommen du als Hürde
eine übergroße Bürde.
Hat sich doch nur ausgedacht
deine Seele in der Nacht,
um zu tun, was sie nur kann,
zu erfüllen Gottes Plan.

Wunderbar sind Seine Wege,
wandelst du in Seiner Hut,
über Tiefen, Höhen, Stege
sicher ist dein Weg und gut.
Vertraue voll auf Seine Hände,
ergreife sie und füge dich.
Sein ist die Liebe ohne Ende,
gewaltig, rein und ewiglich.

Drum denke, wenn du klagst und schreist
und manchmal nicht mehr weiter weißt,
da ist die Tür, stoß sie nur auf,
der Herr, dein Vater, wartet drauf.
Geh auf Ihn zu, ruf Ihn nur an,
dann wird die Tür dir aufgetan.
Und siehe, wie bedingungslos
fällt dir die Hilfe in den Schoß.

Bau zwischen Ihm und dir nie Schranken,
schick jeden Tag Ihm viel Gedanken.
Dank Ihm, wenn Hilfe Er gebracht,
warst du verzweifelt in der Nacht.
Doch dank Ihm auch im täglich Leben,
wenn Er dir reichlich hat gegeben.
Vertrau auf Ihn, Er kann dir geben,
was zählt allein in diesem Leben,
denn nichts von allem bliebe,
hättest du eins nicht: Seine Liebe.

Nostalgie

Es hatte Opa keinen Schimmer,
von dem, was heute uns bekannt,
jedoch den Fortschritt gab's schon immer,
nur nicht so viel und so rasant.

Die Zeit zurückdrehn möcht ich nie,
auch damals war nicht alles schön.
Sentimental ist Nostalgie,
lässt uns verklärt auf Altes sehn.

Baum der Erkenntnis

Die Frucht vom Baume der Erkenntnis,
nie reifet sie an einem Tag.
Wie bitter dir auch dies Geständnis
auf deiner Suche scheinen mag.

Wenn böse Geister irritieren,
du dich in Sorgen magst verlieren,
schenk ihnen keine Energie,
denn so erreichst du dein Ziel nie.

Beachtest du sie einfach nicht,
erhält ihr Dasein kein Gewicht,
und sie verblassen, welche Wonne!,
im hellen Licht der innren Sonne.

Schritt ins Dunkle

Wage den Schritt ins Dunkle
und fürchte dich nicht,
denn lichter kann es sein als jeder Tag.
Ertaste suchend deinen Weg
in dunkle, sich windende Tiefen
und sieh!
Das Dunkle weicht dem Licht.
Auf dämmert es vor deinem Blick,
um dich zu führen und zu leiten
und mit jedem weitren Schritt in dunkle Tiefen
dir voraus stets heller zu erstrahlen.
Und dir zu offenbaren,
was geschrieben steht
am Grunde deines Pfades,

über den du deine Füße lenkst.
Fürchte nicht das Dunkle,
das, was vor dir liegt, verbirgt,
denn immer schreitet dir voran
die Wahrheit und das Licht,
um zu erleuchten deine nächsten Schritte!

Bereit?

Du, der du auf der Suche bist,
gib nicht auf und bleib nicht stehen!
Wenn Vieles dir verborgen ist,
bist du noch nicht bereit zu sehen.
Erzählt, so hat man dir von einem Land -
schön und klar im Sonnenlicht,
doch du sahst stets nur dieses Land
gehüllt in graue Nebelschicht.

Die Wahrheit ist wie dieses Land,
um sie zu sehen braucht man Licht.
Doch streckst du aus nach ihr die Hand,
reicht dir das Licht der Sonne nicht.
Denn heller noch als Sonnenschein
muss dieser wahre Lichtschein sein,
und niemand kann dies Licht dir geben
als nur dein eignes reiches Leben.

Wenn du nicht siehst, was andre sehen,
so ist das einfach zu verstehen.
Ein jeder sieht dieselbe Wahrheit
mit seinem eignen Licht der Klarheit.

Verborgenes Auge

Zwei Augen zeigen dir die Welt
und wer du scheinbar bist.
Ein drittes sich verborgen hält,
sieht, was nicht sichtbar ist.
Braucht nicht dazu der Sonne Schein
noch den von Sternen oder Mond,
es nutzt den Schein des Lichts allein,
das tief in deiner Seele wohnt.
Lässt sehn, was ist, was wird, was war,
wenn hell es brennt in dir und klar.
Steigt auf des Nachts, um dich zu blenden
und seine Botschaft dir zu senden,
und ohne einen Wimpernschlag
ist es in dir wie lichter Tag.
Vertrau dem Licht, denn es ist Klarheit,
es sieht vorbei am äußren Schein.
Wo es erstrahlt, geht auf die Wahrheit,
und nichts wird mehr verborgen sein.

Buch der Weisheit

Du glaubst, du hast sie jetzt gefunden,
die Weisheit, in ein Buch gebunden,
und bist kaum schlauer als zuvor,
weil du nicht weißt, du armer Tor,
dass dir nur Zugang wird gewährt
zu dem, was bereits dir gehört.
Wo immer du auch blickst hinein,
wird Spiegel deiner selbst nur sein.

Positiv denken

*Du bist unzufrieden
und genau das macht dich
noch unzufriedener?
Schließlich muss man
doch positiv denken?!*

*Positiv zu denken bedeutet
aber nicht zu verdrängen.
Schau dir ruhig an, was du fühlst!
Das aber nun bitte positiv.
Also! Du bist unzufrieden.*

*Wieso Unzufriedenheit
positiv sein kann?
Unzufriedenheit ist der
erste Schritt zur Veränderung.
Hast du jetzt auch noch Mut,
bist du fein raus, denn Mut
und Veränderung sind gute Partner.*

*Warum Unzufriedenheit und Mut
gute Partner sind?
Weil Unzufriedenheit zu Veränderung
auffordert und Mut zum Handeln.*

Denk positiv!

Alles relativ?!

Wenn Rücken, Schulter, Knie dich plagen,
sollst, lieber Mensch, du nicht verzagen.
Erwachst du ohne Schmerz und Not,
dann bist du höchstwahrscheinlich tot.

Die Schmerzen dir Gewissheit geben,
dass, Gott sei Dank, du noch am Leben!
Nimm mit Humor doch deine Schwächen,
und lächle über die Gebrechen.

Den Schmerz die Spritze schnell kuriert,
beim Tod ist das noch nie passiert.
Er ist als Lebensperspektive
nicht wirklich die Alternative.

Es kommt stets auf den Standpunkt an,
wie man die Dinge sehen kann.
Was gut, was schlecht, was grad, was schief,
bestimmst du selbst ganz relativ.

Wie die Sonnenuhr

Mach es wie die Sonnenuhr,
zähl die heitren Stunden nur.
Sammle jeden Sonnenstrahl,
sei er noch so klein und fein,
tief dir in dein Herz hinein.
Du wirst sehn, mit einem Mal
leuchten auch bei Nacht und Regen
Sonnenblumen dir entgegen.

Spuren

*Jedes Leben hinterlässt
einzigartige Spuren.
Fingerabdrücke,
sichtbare und auch unsichtbare.*

*Wie in einem Uhrwerk
viele Rädchen
ineinandergreifen,
damit sich der Zeiger
fortbewegen kann,*

*so berühren sich Leben
und greifen ineinander.*

*Oftmals sehen wir nur
die Auswirkungen,
nicht aber die Anstöße dazu.
Und doch ist alles
gleich wichtig.*

*Das Sichtbare
und das Unsichtbare.
Fingerabdrücke,
Spuren.*

Augenblicke, Tage, Orte

Es gibt Augenblicke, Tage, Orte,
da ... spürt man
das Leben einfach intensiver,
schöner, reifer, voller Lust!

Es berührt, greift uns an.
Schmerzhaft ein wenig und
unauslöschlich in uns bleibend,

weil so überwältigend
in jeder Faser unseres
Körpers, unserer Seele.

„Hier kam mein Herz
zurück zu mir", sagst du,
und ich glaube es dir.

Tugend

Als Festung steht die Tugend da,
wenn die Versuchung ihr nicht nah.

Doch schiebt Versuchung unmanierlich
mal mit dem Fuß in ihre Tür sich,

ist mancher Grundsatz so vergessen,
als hätte sie ihn nie besessen.

Wahr lebt die Tugend nur allein,
die's trotzdem schafft, ganz sie zu sein.

Die andere Welt

*Auch
wenn wir
in dieser Welt
leben müssen,
beglückt es doch jeden,
der um die andere Welt weiß,
der in sie hineingeblickt
und als wahr erkannt hat.*

*Wer auch nur ein bisschen
vom Baume der Erkenntnis
gekostet hat, kann danach
niemals wieder nur
glücklicher Affe sein.*

Ach, Stolz!

*Es kochte sich Talent begeistert Suppe,
die Stolz und Eitelkeit sehr gut geschmeckt.*

*Nur eine gute Fee mocht sie nicht essen,
sie wär zwar gut, doch nicht perfekt.*

*Als hilfsbereit sie besser würzen wollte,
hat eitler Stolz den Topf schnell zugedeckt.*

*Von Stolz und Eitelkeit begraben,
liegt nun Entwicklung gut versteckt.*

*Wenn auch die Suppe noch dieselbe war,
hat wie vorher nie wieder sie geschmeckt.*

Phantasie

Und ist der Himmel noch so grau,
ich male ihn mir einfach blau.
Träum mich weit weg zu Flur und Feld,
wo still und friedlich ist die Welt.

Von Traurigkeit nicht eine Spur,
fühl ich mich Teil von der Natur.
Wo bunte Blumen für mich blühn
und weiße Schäfchenwolken ziehn.

Wo strahlend mir die Sonne lacht
und mich im Herzen glücklich macht.

Ich brauche keine Therapie.
Der beste Arzt ist Phantasie.

N e i d

Was meint, vom Neide frei
zu sein, ist Heuchelei.
Oft trägt des Klugen Neid
des Lobes weißes Kleid.
Was klug er so verpackt,
zeigt gelb der Dumme nackt.

Schönheit

Schönheit, sie weitet das Herz,
besänftigt von außen den inneren Schmerz.
Liebkost unser Auge, den sinnenden Blick,
wirft von ihrem Wesen dir dadurch zurück.
Ihr Wesen ist Liebe in reiner Gestalt,
ist sichtbar gemachter Geist und Gehalt.

Schönheit ist Farbe, Musik, voller Duft,
ist Anmut des Lebens, ist samtweiche Luft.
Sie dringt in die Seele, des Abends, bei Nacht
und auch, wenn am Morgen die Sonne erwacht.
Sie zeigt sich im Lächeln, im Singen, im Wort,
sie wischt durch sich selbst die Traurigkeit fort.

Genieße sie dankbar und immer bedenk,
sie ist aus der Liebe gebornes Geschenk.

Hoffnung

*Hoffnung ist
der Sorge Lächeln,
der Traum der Nacht vom hellen Tag.*

*Hoffnung ist
ein kühles Fächeln,
wenn dich die Glut verzehren mag.*

*Hoffnung ist
der Trost der Seele,
dass nichts je bleibt, so wie es ist.*

*Hoffnung ist,
dass was heut quäle,
der Freude Fahne morgen hisst.*

*Hoffnung ist
des Lebens Schild,
dem Wolken Seifenblasen sind.*

*Hoffnung ist
des Saatkorns Bild
vom Ährengold im Sommerwind.*

Die Hoffnung

Lasse die Hoffnung nie so weit vorausfliegen,
dass du sie aus den Augen verlierst.
Die Hoffnung ist eine ausdauernde Geliebte,
die dich von Herzen gern
glücklich machen möchte,
aber sie erwartet, dass du ihr nachfolgst.

Wenn du nicht fliegen kannst, fahre.
Wenn du nicht fahren kannst, gehe.
Wenn du nicht gehen kannst,
krieche auf allen Vieren.

Erbitte ihre Hingabe,
denn sie will umworben sein.
Die Hoffnung,
die zu lange nichts mehr von dir hört,
zweifelt an deiner Liebe zu ihr
und stirbt an gebrochenem Herzen.

Demut

*Und hast selbst du erschaut
das wahre Geheimnis,
und warst auch du geborgen
im göttlichen Glanz,
bewahr doch dir die Demut
als Hüter des Stolzes
und Hochmuts des Geistes.
Denn geringer ist niemand als der,
der besser und höher sich wähnt
und auserwählt.
Nichts sollst du sein anders
als Beispiel und Werkzeug des Lebens
in stiller, ergebener Demut
und in der dankbaren Freude
des reinen Herzens
als Wegbereiter und Quell
der ewigen Liebe.*

Musik ist Leben

In der Musik wohnt das ganze Leben,
wohnen all seine Schönheit
und all seine Hässlichkeit.
Sie ist Lebensfreude und Heiterkeit
und in Tönen aufgereihtes Glück.

Musik ist aber auch Stimme
des Schmerzes und der Trauer,
des Aufbegehrens und Klagens,
der Verzweiflung, Wut und Ohnmacht.

Und dennoch lindert sie und heilt
mit derselben Stimme ebendiese
Schmerzen und diese Trauer,
legt Balsam auf Wunden
des Herzens und der Seele.
Die Freude und das Glück aber
macht sie vollkommener und reiner.

Musik ist nur eine Stimme des Lebens,
aber vielleicht seine schönste und
wunderbarste und machtvollste.
Auf magische Weise erreicht sie
die Tiefen unseres Seins, lässt uns eine
unbestimmte Sehnsucht spüren
und kann unsere Seele dorthin
zurückführen, wo sie einst geboren wurde.
Denn die Musik ist Klang gewordene
Erinnerung der Schöpfung.

Weihnacht

Das Wunder der Weihnacht, das heilige Licht,
es ist dir ein Zeichen, das Hoffnung verspricht.
Es ist wie ein Zauber, der leise sich schenkt
und wundersam Freude in Herzen versenkt.
Es ist wie ein Leuchten, ein sichtbarer Segen,
der sicher dich führt auf all deinen Wegen.
Bewahr dir die Weihnacht als Freude im Leben,
denn eigens dafür ist sie uns gegeben.

Weihnachtslicht

In dunkler Nacht geht auf ein Licht,
so strahlend wunderbar,
dass sich vor ihm verneigt sogar
der Sterne funkelnd Schar.
Es ist ein Licht, das tröstet,
ein Licht, das wärmt und kühlt,
ein Licht, das dich zutiefst versteht
und jedes Leiden fühlt,
ein Licht, das deinen Weg erhellt
und frohe Hoffnung schenkt,
ein Licht, das dich in Weisheit führt
und voller Liebe lenkt.
Und wer ihm folgt, muss sich nicht sorgen,
denn er geht sicher und geborgen.

X.   Von Weisen und Narren und vom Glück

Weisheit und Wissen

Immer und an allem lernen wir,
ob es uns nun bewusst ist oder nicht.
Leben vermittelt uns täglich
neues Wissen.

Weise macht uns das noch nicht,
aber es schafft eine Grundlage dafür.
Weise zu werden, ist nichts, was man will,
sondern was innerlich stattfindet.
Es ist ein geistiger Prozess,
ein Mechanismus
auf einer anderen Ebene des Lebens,
des Bewusstseins.

Reines Wissen allein,
gleich wie viel,
bringt uns keine Weisheit.
Wissen allein ist nur die Grundlage,
EINE Grundlage.
Die andere ist LIEBE.
Denn:
Weisheit ist die glückliche Ehe des
Wissens mit der Liebe!

Weise

*Wer meint, er hätt genug gelernt
und gelte jetzt als weise,
der ist noch weit davon entfernt
und hat bloß eine Meise.*

*Der Mensch, der sich für weise hält,
ist meistens nicht mal klug
und baut sich töricht seine Welt
aus lauter Selbstbetrug.*

*Der wirklich Weise schilt sich dumm,
und so ist sein Bestreben,
zu finden weiter ringsherum,
was lehren kann das Leben.*

Weisheit

*Aus Wahrgenommenem wird Wissen
und wächst zu Einsicht und Erkenntnis,
um zu ergründen
ewig gültige Wahrheit und Weisheit.
Und das ist die wahre Weisheit,
die gefunden hat die Liebe
als Träger allen Lebens,
als Ursprung, Weg und Ziel.
Des Wissens Kern ist reine Liebe,
nur wahre Weisheit findet sie,
denn Weisheit ist Essenz des Wissens,
in Liebe auf den Punkt gebracht.*

Das Wissen

Handle weise, sei bedacht,
Wissen gibt dem Menschen Macht.
Die Wahrheit kennen heißt sie leben,
sonst ist sie dir umsonst gegeben.

Der Weisheit und Gesetze Sinn
liegt nicht nur in Erkenntnis drin,
denn jedes Wissen, gleich wie viel,
ist nur der Weg und nicht das Ziel.

Freude

Freude an der Weisheit macht weise,
Freude am Leben macht lebendig,
Freude am Tun macht tatkräftig,
Freude an Büchern macht wörtlich,
belesen und sprachgewandt,
Freude an der Natur macht natürlich.

Bei allem, was wir tun,
ist Freude der Schlüssel zum Erfolg.
Und was ist Freude denn anderes
als Liebe zum Leben?
Je tiefer diese Liebe ist,
desto glücklicher
fühlen wir uns.

Wein und Weisheit

Der weise Mensch auf Erden
genießt den Wein allein
beim Glücklich-Sein
und nicht zum Glücklich-Werden!

Zwei Menschen, ein Sturm

Ein Sturm verwüstete
zwei benachbarte Gärten.
Ihre Besitzer waren
untröstlich und weinten,
weil ihnen etwas sehr Kostbares
geraubt worden war.

Der eine Nachbar hörte nicht auf
zu weinen und den Sturm anzuklagen,
denn jeder Blick auf seinen
verwüsteten Garten
führte ihm aufs Neue sein
schlimmes Geschick vor Augen.

Der andere aber fügte
sich in sein Schicksal,
und als die Tage vergingen,
grünte und blühte sein
Garten schöner denn je.

Er hatte seine Tränen getrocknet
und seinen Garten neu bestellt.

Mein Nest

*Mit Freude schaff ich mir ein Nest
und nicht genug
kann ich mich eilen.*

*Doch fehlt zum allerletzten Rest,
zum wirklich wahren Freudenfest
ein Mensch,*

*der gerne will verweilen
und meine Freude
mit mir teilen.*

Streben nach Glück

*Man muss einiges von der Welt gesehen haben,
um zu erkennen, dass überall die Menschen
gleiche Freuden, gleiche Nöte, gleiche Bedürfnisse,
gleiches Streben haben - das Streben nach Glück.*

Das große Glück

*Wir warten immer auf das große Glück,
ersehnen uns die große Liebe.*

*Dabei klopft sie so oft an unsre Tür
in kleinen Gesten, lieben Worten,
im Lächeln eines Fremden
und der Umarmung eines Freundes,
im Duft der Rose und im Blau des Himmels.
All das ist ein Geschenk der Liebe.*

Wenn ich nicht will

Wenn ich nicht will,
dann könnten Milch und Honig fließen,
Champagnerfälle sich ergießen,
umschwirren mich gebratne Tauben,
ich würde mir nicht Glück erlauben.

Wenn ich nicht will,
dann könnt mich pure Schönheit blenden,
sie würde sich an mir verschwenden,
und sollt es Sterne für mich regnen,
würd ich dem gleichgültig begegnen.

Wenn ich nicht will,
dann könnten Blumen noch so blühen,
sie würden sich umsonst bemühen,
und selbst bei strahlend Sonnenschein
da würd es für mich düster sein.

Doch wenn ich will,
dann bin ich selbst die Sonne,
die in das Leben scheint
und fühle in mir Wonne,
auch wenn der Himmel weint.

Wenn ich nicht will,
dann kehrt durch nichts das Glück mir ein.
Doch wenn ich will,
kann ich mit nichts zufrieden sein.

Liebe ist Glück

Jeder Mensch möchte glücklich sein, aber
glücklich machen können wir uns nur selber.
Kein anderer Mensch kann das für uns tun.
Sich selbst zu lieben und anzunehmen,
ist eine gute Grundlage für persönliches Glück,
aber es reicht noch nicht aus,
um rundum glücklich zu sein.

Das erreichen wir, wenn wir auch noch zufrieden
sind mit dem, was wir aus unserem Leben gemacht
haben. Zufriedenheit erlangen wir durch unsere
richtigen Entscheidungen, und die wiederum
treffen wir durch die richtigen Gedanken.

Hier sind wir wieder am Anfang: bei der Liebe.
Sind unsere Gedanken „Liebe-voll“,
weil ein liebendes Herz sie durchwirkt, dann
ergibt sich alles andere von selbst.
Handeln wir ganz aus der Liebe heraus, sind wir
im Einklang mit uns selbst und allem, was ist.

Wir empfinden uns als Teil der allumfassenden
Schöpferkraft und Weisheit,
die uns hält und lehrt und führt.
Diese Empfindung ist „reines“ Glück.
So fühlt sich Liebe an.

Ja! Glück ist Liebe,
und Liebe ist Glück!

Narr?

*Der Narr betrachtet die Welt als
faszinierendes, großes Spielzeug.
Unbefangen und kindlich spielt er mit ihr.
Er hält sich an keine Regeln, denn sie sind die
Riegel an der Pforte zur Schöpfungskraft,
die mit dem Herzen umarmt werden will,
mit dem Staunen, mit dem Schlichten,
ja, mit der Einfalt.*

*Leichtigkeit bringt er in die Schwere
der Welt und küsst Freude auf ihre Tränen.
Ohne Argwohn ist sein Herz, weil er dem Leben
vertraut, und sein Blick ist unendlich,
weil er nicht meint, das Ende zu kennen.
Da er an das Unglaubliche glaubt,
geschieht es ihm.*

*Mühelos überwinden seine
unverschleierten Augen die vorgedachte Welt,
träumen sich hinein ins Uhrwerk des Lebens,
und ohne sie doch je zu suchen,
spürt er die Unruh auf,
die Lebenskraft.*

*Seiner eigenen Musik,
seinem inneren Rhythmus lauschend
tanzt er seinen ureigenen Tanz,
den kein anderer so vor ihm getanzt hat.*

*Lächelnd tanzt er selbst dort,
wo andere nicht mal zu gehen wagen.
Ein unbeschwerter und selig sich drehender
Derwisch auf der Reise durch den eigenen
Mikrokosmos der sieben Planeten,
die um seine Herzenssonne kreisen.*

*Spielend schaut er dem Leben
in die Karten und deckt
seine Spielzüge auf, seine Muster.
Findet beiläufig sich selbst,
seine eigenen Geheimnisse,
weil er das Leben zulässt, wie es ist,
und sich ihm nicht versagt.*

*So ist seine offene Leere gleichzeitig
auch seine unendliche Fülle.*

Chaos

Das Chaos ist der Unverstand,
der sich gelöst von Gottes Hand.
Der nicht versteht, was plant und lenkt,
der unzusammenhängend denkt.
Der sich nur sieht und seine Welt
und nicht, was sie zusammenhält.

Würd Chaos unsre Welt regieren,
wir würden sterben und erfrieren.
Die Ordnung wäre dann dahin
und unser Leben ohne Sinn.
Wär ohne Gnade, Hoffnung, Liebe,
nichts von Bedeutung uns mehr bliebe.

Da Gott ja stets an alles denkt,
hat Er auch hier vorausgelenkt.
Von Seinem Plan für diese Welt
ein jeder seinen Teil erhält.

Und jedes Teil das Ganze kennt,
dir was und wie genau benennt.
Zeigt dir den Weg zu Ordnung, Glück,
bringt dir die Harmonie zurück.

XI.   Geschichten

Die Box

Man sagte mir, du seiest krank, doch konnte ich's nicht glauben. Du sahst doch aus wie immer, vielleicht ein wenig gebückter die Haltung und nach unten gesenkt dein Blick, aber sonst? Nun ja, die Ärzte mussten es ja wissen, sogar krankgeschrieben hatten sie dich. Depressionen, sagten sie. Wird schon wieder, sagten sie. Wird schon wieder, sagtest du, und ich sagte es auch, wird schon wieder. Wahrscheinlich sagte es jeder zu dir. Du brauchtest nur Zeit.

Aber es wurde nicht wieder. Dein Blick war nicht mehr nach unten gerichtet, deine Haltung aufrecht wie immer. Trotzdem sollte es dir sogar schlechter gehen und nicht besser. Ich nickte, als man es mir erzählte; ich war ja schließlich aufgeklärt und wusste, dass es Krankheiten gibt, die man nicht sehen kann. Insgeheim aber glaubte ich nicht, was ich hörte. So viel Zeit hatte man dir gegeben, um wieder zu dir selbst zu finden, so viel fachkundige Hilfe. Sie allein hätte dich gesund machen müssen. Ich verstand es nicht. Wahrscheinlich ließest du dich einfach nur gehen. Was dir fehlte, war ein innerer Ruck, der dir wieder die rechte Haltung dem Leben gegenüber zurückgeben würde. Man hatte ja nun wirklich genug Geduld mit dir gehabt und dir - weiß Gott! - genügend gute Ratschläge gegeben, die - man wollte zwar nicht unbescheiden sein - selbst einem Psychiater gut gestanden hätten, solch unbezahlbare Ratschläge wie: Tu was! Du selbst hast dich in diese Lage gebracht, nur du allein kannst dich dort auch wieder herausholen!

Du hast dir alles stumm angehört und gelitten. Du hast gelitten bei den endlosen Fragen: Wie geht es dir? Und du hast genauso gelitten, wenn man dich nicht gefragt hat, nicht wahr? Denn dann fühltest du dich irgendwie aufgegeben.

Drei Jahre, du meine Güte, drei Jahre! sind seitdem vergangen. Alles ist noch beim Alten mit dir. Jemand fragte mich nach dir. Er war zu Gast und kannte dich nicht, fragte nur aus Anteilnahme, weil er von unserer Beziehung wusste. Ich erzählte von deiner Krankheit. Ich musste mich ein wenig zwingen, das, was dir widerfahren war, überhaupt Krankheit zu nennen; etwas in mir konnte jetzt erst recht nicht mehr daran glauben. Zu viel Zeit war schon verstrichen, zu viel war an dir schon therapiert worden, zu wenig war erreicht worden. Was heißt eigentlich zu wenig? Nichts war erreicht worden. Im Gegenteil, das Wenige, das dir von einem normalen Leben geblieben war, war auch noch aus deinem Leben verschwunden und hatte deinen Radius unendlich eingeschränkt.

Was war nur los mit dir? Es war eine ungeduldige Frage in mir, die keine Antwort erwartete und doch eine Antwort bekommen sollte.

Ich hatte den Rest des Tages nicht mehr an dich gedacht, ich hatte genug zu tun mit den Gästen, die im unserem Haus waren. Wir verlebten einen anregenden und schönen Tag miteinander, nach dem ich tief, aber nicht traumlos schlief.

In meinem Traum sah ich einen Mann unbeweglich in einer schmalen, hohen Box stehen. Ein bisschen sah das Ganze aus wie eine Riesenschachtel. Die Grundfläche war quadratisch und kaum größer als der Umfang des Mannes - sich hinzuhocken wäre ihm deshalb schon schwer gefallen. Die Seitenwände reichten bis weit über seinen Kopf und waren glatt und undurchsichtig. Von oben hingen in diese Schachtel verschiedenartige Seile und Bänder hinein, die ein dickes, locker verschlungenes, ungleichmäßiges Tau bildeten mit etlichen losen Enden.

Dieser Mann in der Box schien mir in einer Art Gefängnis zu sein. Aber ich verstand nicht, warum er sich nicht daraus befreite. Die ganze Lage schien mir nicht unüberwindlich, ganz und gar nicht unüberwindlich!

Und noch während ich dies dachte, befand auf einmal ich mich in dieser Box! Ich nahm nun den Platz dieses Mannes ein - und ich erkannte! Erkannte die ganze Hoffnungslosigkeit seines Daseins. Er wusste - so wie ich es jetzt wusste -, wo er sich befand, in welcher Lage er war und dass er eigentlich woanders sein sollte, eben nicht hier, eingesperrt wie ein Tier in einem Verschlag. Und nichts ist grausamer als zu wissen, sich dessen bewusst zu sein, was nicht stimmt, und doch nichts tun zu können, wie gelähmt zu sein und ohnmächtig. Zu leben in einer Box, die dich einengt in allen menschlichen Bereichen, die dich auf dich selbst zurückzwingt. Du spürst, du kannst dir selbst nicht entkommen, denn in diesem engen Gefängnis stößt du dauernd an deine eigene Begrenzung, die dich absondert vom Rest der Welt da draußen, die doch auch die deine ist und nach der du dich tief in dir sehnst und vor der du dich in deiner Box wiederum sicher fühlst, denn deine Angst vor ihr ist ungeheuer. Du kannst dich nicht entscheiden, ob du dieser Sehnsucht und diesem Verlangen nachkommen sollst oder ob du ganz einfach nur in dieser Box bleiben sollst, denn das ist einfacher, viel einfacher - und sicherer. Sicherer vor allen Dingen. So bleibst du einfach, denn für das andere müsstest du handeln, du müsstest eine Entscheidung treffen und dann etwas tun.

Ja, dein Auge ist nicht blind, du hast sehr wohl das lockere Tau gesehen, das in deinen Käfig hineinhängt. Und du weißt, jedes einzelne Teil dieses Taus ist eine Hilfe von außen, die man dir irgendwann einmal gegeben hat. Alle Seile und Bänder sind gute Ratschläge, die dir wohlmeinende Menschen gegeben haben, Menschen, denen etwas an dir liegt. Du hast diese Ratschläge alle wohl verstanden, das heißt, dein Verstand hat sie verstanden. Du selbst, deine Seele aber konnte damit nichts anfangen. Kraftlos warst du in deinem Innern, zu kraftlos, um die Arme zu erheben und mit den Händen nach dem rettenden Tau zu greifen. Erst recht zu kraftlos, um dich dann auch noch selbst an diesem Tau aus deinem engen, hohen Verlies hinauszuhangeln.

Ich erkannte, wie weh Hoffnungslosigkeit tun kann, wie einsam sie macht und krank, denn sie lastet schwer auf der Seele.

Ich war in dieser Box, die so schlimm doch gar nicht aussah, und war doch unfähig, mich daraus zu befreien. Ich war in diesem Traum nicht nur an deine Stelle getreten, ich war wirklich und wahrhaftig du - einen Traum lang. Nie wieder werde ich unentschlossen die Brauen hochziehen oder meine Achseln zucken auf diese vielsagende Art, die dir Unrecht tut, wenn ich nach dir gefragt werde.

Du bist krank, ich weiß es jetzt, richtig krank. Depressionen? Ja, Depressionen!

Verirrt

Die ganze Nacht über hatte es geschneit, und als die Kinder am Morgen aufwachten, sahen sie begeistert auf die weiße Pracht da draußen. Leider nur hatten sie nicht viel davon, denn die Pflicht der Schule duldete keinen Aufschub. Umso ungeduldiger warteten sie deshalb auf den Schulschluss. Nur noch eben zu Mittag essen, und dann sollte es hineingehen ins Wintervergnügen. Aber sie hatten leider die Rechnung ohne ihre Mutter gemacht, zuerst mussten noch die Schularbeiten erledigt werden. Die Kinder murrten und fügten sich dann, Mutters Stimme hatte doch sehr energisch geklungen. Endlich war es geschafft, die Schneeanzüge waren angezogen und die Füße steckten warm in gefütterten Stiefeln. Schnell schlüpften noch die Hände in die dicken Fäustlinge, und schon ging es hinaus in die kalte, glitzernde weiße Welt. Über ihnen spannte sich ein tiefblauer Himmel, aus dem die Wintersonne strahlte und die duftigen Schneekristalle wie Milliarden von Diamanten funkeln ließ. Die Kinder, zwei Mädchen von zehn und sieben Jahren, hatten ihre Schlitten herausgeholt und versuchten, auf der großen, hügeligen Wiese vor ihrem Haus zu rodeln. Leider war der Schnee noch so frisch und locker, dass die Schlitten auf ihm nicht so recht gleiten wollten, da die Kufen zu schnell den stumpfen Untergrund berührten, und so ließen sie sie einfach stehen und bewarfen sich gegenseitig übermütig mit Schneebällen. Funkelnd zerstob der Schnee dabei im Sonnenlicht und bedeckte die rotbackigen, glücklichen Kindergesichter mit weißem, glitzerndem Puderzucker.

Vom Haus her, hinter dem Gartenzaun, bellte ihnen Benny sehnsüchtig zu. Benny war ihr Hund. Zu gern wäre auch er bei ihnen auf der großen Schneewiese gewesen.

„Wir lassen ihn raus, Denice", rief Vivienne, das kleinere der beiden Mädchen, und lief zum Gartentor. „Dann kann er mit uns spielen!"

Kaum hatte sie das Tor geöffnet, war Benny auch schon mit einem freudigen Satz an ihr hochgesprungen. Er liebte es sehr, im Schnee herumzutollen. Während er zu Denice hinüberlief, blieb er immer wieder stehen, um am Schnee herumzuschnüffeln und mit seiner schwarzen Nase hineinzustubsen. Jedes Mal blieb dann ein kleines Häufchen Schnee auf seinem Schnäuzchen zurück. Zu putzig sah das aus, die Kinder mussten lachen.

„Komm, Benny!", riefen sie und warfen ihm lockere Schneebälle zu, die er zu fangen versuchte. Dabei sprang er sie im Fluge an und öffnete die Schnauze, so wie ein Torwart beim Fußballspiel die Arme ausbreitet. Sehr geschickt war er dabei, fast jeden Ball erwischte er, so dass ihm bald kleine Schneeklumpen überall am Kopf klebten und er zwischendurch den vielen Schnee aus seinem Maul spucken musste. Hin und her sausten die Schneebälle, unermüdlich von den beiden Mädchen geworfen und genauso unermüdlich von dem kleinen Hund aufgefangen. Müde machte dieses herrliche Spiel, sie konnten auf einmal nicht mehr.

Benny war ein kleines Stück voraus zum nahen Wald gelaufen und bellte den Kindern aufmunternd zu: „Kommt doch, schön ist es hier!", so dass sie ihm folgten und ihre Müdigkeit vergaßen. Gemeinsam rüttelten sie an den schwer mit Schnee beladenen Ästen der Tannen und freuten sich, wenn jemand von ihnen nicht aufpasste und die ganze Ladung abbekam. Benny schüttelte sich dann nur unbeeindruckt, während die Kinder vor Freude und Vergnügen quietschten und lachten.

Unbemerkt hatte es wieder begonnen zu schneien, die Sonne war verschwunden hinter dicken Schneewolken, und immer dichter wurde das Schneetreiben.

Wo war nur Benny? Ein Stück voraus hörten sie ihn bellen, aber sooft sie ihn auch riefen, er gehorchte nicht. Ganz im Gegenteil, leiser und leiser wurde sein Bellen.

„Wir müssen hinterher, Vivienne", sagte Denice. „Wenn Benny uns wegläuft und wir ohne ihn nach Hause kommen, gibt

es bestimmt Ärger." Da war die kleine Schwester ganz ihrer Meinung, und so liefen sie beide in die Richtung, in der sie den Hund vermuteten. Das Schneetreiben war jetzt so dicht, dass man kaum die Hand vor Augen sah. Richtig dämmrig war es fast. Ängstlich blieben die Kinder dicht beieinander stehen.

„Weißt du noch, wo wir sind?", fragte Vivienne, und die große Schwester schüttelte nur den Kopf. Nichts war mehr zu hören, alles war so still, als wäre die Welt in Watte gepackt. Um sie herum standen schweigend die beschneiten Tannen. Wohin sie auch blickten, es sah alles gleich aus. „Am besten, wir bleiben hier stehen und rufen Benny! Vielleicht hört er uns und wenn er erst wieder bei uns ist, wird er uns schon nach Hause bringen!"

Und so riefen sie miteinander Bennys Namen und lauschten dann in das Schweigen. Immer wieder riefen sie, so laut sie konnten, aber nichts war zu hören oder zu sehen von dem Hund. Doch da, was war das? Da war doch ein Geräusch? Natürlich, Benny bellte, zuerst nur leise, doch dann hell und aufgeregt.

„Wir müssen nach links, Denice, es kommt von links!", rief Vivienne und rannte schon los, ohne auf die große Schwester zu warten, die ihr auf dem Fuße folgte. „Da vorn muss er sein, ich höre ihn genau!" Sie rief den Namen des Hundes, der plötzlich zwischen den Tannen herausschoss und übermütig die Mädchen umsprang.

„Bleib hier!", schrieen sie wie aus einem Munde, aber der Hund gehorchte nicht, sondern verschwand laut bellend wieder in der Richtung, aus der er eben gekommen war. Es blieb ihnen nichts anderes übrig, als ihm zu folgen.

Fast dunkel war es um sie herum geworden. So lange waren sie doch noch nicht unterwegs, es konnte doch nicht schon Abend sein?

„Was machen wir jetzt?", flüsterte das kleine Mädchen mit zitternder Stimme und klammerte sich an den Arm der Schwester. „Ich hab Angst!"

„Ich hab auch Angst", flüsterte die Große zurück. „Ich weiß nicht mehr weiter, ich glaube wir haben uns verirrt! Ach, wären wir doch schon wieder zuhause bei Mami, das wäre schön. Mir ist so kalt, und Hunger habe ich auch! Vivienne, wir brauchen Hilfe!"

„Ja", sagte die Kleine, auch sie spürte die Kälte bissig durch ihre durchnässten Handschuhe, „aber woher, hier ist doch niemand?"

„Wir beten!", bestimmte Denice. Sie hatte sich erinnert, dass ihre Großmutter ihr einmal gesagt hatte, dass man immer Hilfe bekommt, wenn man Gott darum bittet. Und so wiederholte sie: "Wir beten!"

„Ja, aber was denn, was sollen wir denn beten?", fragte Vivienne und ihre Stimme klang noch kleiner als sie selbst. „Ich kann nur, ich bin klein, mein Herz ist rein, aber das passt doch hier nicht, oder?"

Denice musste das zugeben. Aber hatte die Großmutter nicht auch gesagt, dass man zu Gott beten könne, wie es einem gerade in den Sinn komme? Man müsste gar nicht immer ein auswendig gelerntes Gebet aufsagen; man konnte mit Gott sprechen aus dem Herzen heraus, wie man es mit der Mutter tat, wenn man Kummer hatte. Und so taten sie es dann, die Augen zum Himmel gerichtet. Ein stammelndes Gebet wurde es, aber eines, das auch tief aus zwei kleinen verängstigten Kinderherzen kam.

„Meinst du, Gott hat uns gehört?", fragte Vivienne ihre Schwester, denn die schien ihr auf diesem Gebiet schon Erfahrung zu haben. „Gott hört doch alles", entgegnete diese überlegen, es klang fast, als könnte sie es nicht fassen, dass man so etwas Wichtiges nicht wusste, „und er kann uns auch sehen!"

Vivienne hielt das allerdings für unmöglich, dazu war es ganz einfach zu dunkel. Niemand konnte da etwas sehen, es sei denn, er hatte ein Licht, eine Taschenlampe oder so.

Leise knirschende Geräusche drangen aus dem Wald und kamen näher. Die Kinder erschraken und umfassten sich gegenseitig, heftig klopften ihre Herzen. Was mochte das sein? Und was war das für ein Lichtschein? Eine Gestalt trat auf sie zu, in jeder Hand eine Laterne, die sie hochhob, um den Kindern ins Gesicht zu leuchten und sie dann ihres sehen zu lassen. Erleichtert erkannten die Kinder den Förster, den sie schon ab und zu mit seinem Hund gesehen hatten.

„Habt ihr euch verirrt?", fragte der Mann freundlich, und die Kinder nickten unter Tränen, die sie jetzt nicht mehr zurückhalten konnten. „Und unser Hund ist uns auch weggelaufen", schluchzte Denice.

„Ja", schluchzte auch die Kleine, „und ohne ihn brauchen wir gar nicht nach Hause kommen. Wir müssen doch immer gut auf ihn aufpassen, und eigentlich hätten wir ihn gar nicht herauslassen dürfen!"

„So, so!", murmelte der Mann. Er stellte die linke Laterne in den Schnee, dann hob er die freigewordene Hand, steckte zwei Finger in den Mund und pfiff. Laut, sehr laut war dieser Pfiff. Hinter den Kindern ertönte plötzlich freudiges Bellen.

„Benny, da ist ja Benny!" Die Kinder lachten. „Wo hast du nur gesteckt? Nur gut, dass du wieder da bist!" Glücklich streichelten und tätschelten die beiden Mädchen den Hund, der fröhlich wedelnd an ihnen hochsprang. „Jetzt müssen wir aber ganz schnell nach Hause, hörst du?" „Ja", sagte der Mann, „das müssen wir wohl. Bleibt nur dicht hinter mir, ich werde euch vorangehen und leuchten."

Zusammen mit dem Mann stapften die beiden Kinder und der Hund durch den verschneiten Wald. Tröstlich und warm leuchteten die beiden Laternen in der Dunkelheit. Das Schneetreiben hatte nachgelassen, nur noch vereinzelt fielen einige Schneeflocken, so dass sie ihren Weg gut erkennen konnten. Ab und an drehte sich der Führer zu den Kindern um und lächelte ihnen aufmunternd zu. „Wir sind gleich da, dauert nicht mehr lang!"

Dabei leuchteten seine Augen, ja, fast sein ganzes Gesicht so hell wie die beiden Laternen. Die Kinder fühlten sich geborgen; auf geheimnisvolle Weise spürten sie keine Kälte mehr, keine Müdigkeit und auch keinen Hunger. Auch Benny schien den Mann zu mögen. Er ließ sich von ihm anfassen, ohne zu knurren, was an sich schon ungewöhnlich war, aber noch ungewöhnlicher war, dass er ihm sogar aufs Wort gehorchte. Benny war nämlich ein Hund mit festem Charakter, der eigentlich nur sich selbst gehorchte.

Je näher sie nun ihrem Hause kamen, desto ängstlicher wurden die Kinder. Die Mutter würde bestimmt sehr, sehr böse sein. Was mochte sie nur zuhause erwarten? Tausend stumme Fragen quälten die Mädchen. „Eure Mutter wird froh sein, dass ihr alle gesund und heil nach Hause kommt, habt keine Angst!", sprach der Mann in ihre Gedanken hinein. „Seht, da vorn ist euer Haus. Jetzt braucht ihr mich und meine Laternen nicht mehr, hier ist eine gut beleuchtete Straße. Auf Wiedersehen, Denice, auf Wiedersehen, Vivienne!" Er nickte ihnen zu. „Macht es gut, ihr zwei!"

„Auf Wiedersehen", sagten auch die Kinder, "und danke, dass Sie uns geholfen haben!" „Wie haben Sie uns denn eigentlich gefunden?", wollte Denice aber schnell noch wissen, diese Frage beschäftigte sie auf einmal sehr.

„Nun", sagte der Mann bedächtig und lächelte, „ich habe euch gehört, ihr habt doch um Hilfe gebeten, nicht wahr?" Denice nickte, und noch ehe sie etwas erwidern konnte, hatte der Mann sich schon umgedreht und ging schnell davon.

Verwirrt blickte Denice ihre kleine Schwester an. „Hast du gehört, Vivienne, er wusste genau wie wir heißen, aber wir haben ihm doch unsere Namen gar nicht genannt. Und er hat uns nach Hause gebracht, aber woher wusste er so genau, wo wir

---

wohnen? Und er hat gesagt, er hat gehört, dass wir um Hilfe gebeten haben. Wie ist das möglich, ich habe ganz leise gebetet und du doch auch?"
Ratlos schauten sich die Schwestern an und blickten dann dem Mann hinterher. Er war schon ein gutes Stück von ihnen entfernt, als er die beiden Laternen auf einmal hoch in die Luft schleuderte. Höher und höher flogen sie, bis sie nur noch zwei Sterne waren, die sich am Himmel niederließen. Mit großen Augen und offenem Mund sahen die Kinder zu. Der Mann löste dann den Umhang von seinen Schulten, und zwei große schimmernde Flügel breiteten sich nun ungehindert aus. Als der Mann dann tatsächlich verschwunden war, konnten sie beim besten Willen nicht sagen, wie. War er einfach weitergegangen, war er geflogen oder war er einfach so vom Erdboden verschluckt? Sie wussten es nicht, dabei hatten sie doch ganz genau hingeschaut.

Etwas aber war noch geschehen. War es durch das Ausbreiten der Flügel gekommen oder vielleicht durch das hastige, wenn auch nicht sichtbare Wegfliegen, jedenfalls müssen sich durch irgendwelche Umstände zwei kleine Federn von seinen Flügeln gelöst haben, die ein Luftzug bis hin zu den Kindern wehte. Jedes Kind fing eine auf und betrachtete sie andächtig. So etwas Schönes hatten sie noch nie gesehen. Die Federchen waren zart und duftig und leuchteten in einem schimmernden Weiß, das alle Farben des Regenbogens in sich vereinte.

„Ich werde mir mein Federchen gut aufheben", sagte Vivienne. „Ja, ich auch", flüsterte Denice. Ihre Stimme war auf einmal heiser und gar nicht so vorlaut wie sonst. „Und ich werde Oma alles erzählen. Nur ihr, denn die anderen werden uns doch nicht glauben. Die werden sagen, wir haben uns das nur ausgedacht, damit wir keine Strafe kriegen. Schwöre, Vivienne, dass du nichts verrätst, das soll unser Geheimnis bleiben ... und Omas!"

Endlich, endlich waren sie wieder daheim. Schön war das und so gemütlich. Die Mutter war tatsächlich nicht böse gewesen, zumindest nicht sehr, sie war viel zu glücklich, dass die Mädchen und der Hund wohlbehalten wieder da waren. Nachdem die Kinder sich gestärkt hatten, liefen sie schnell noch einmal zur Großmutter hinauf, um ihr Geheimnis zu erzählen. Großmutter hatte sich alles schweigend angehört. Dann nahm sie die beiden Federchen in ihre Hände und blickte die beiden Kinder lange an.

„Wisst ihr eigentlich", sagte sie dann langsam und strich jedem der Kinder mit einem Federchen sanft über das Gesicht. „Wisst ihr eigentlich, dass euch etwas ganz Besonderes widerfahren ist? Etwas, das die meisten Menschen nie erleben? Ihr seid nämlich eurem Schutzengel begegnet. Daher wusste er auch eure Namen, er kennt euch natürlich. Und er hat auch eure Gebete gehört, denn Gott leitet Gebete oft an die Schutzengel weiter, damit sie direkt helfen können. Die beiden Laternen, mit denen er euch geleuchtet hat, waren natürlich Sterne, die er extra dafür vom Himmel geholt hat und die natürlich auch wieder dorthin zurück mussten. Und diese wunderschönen Federn hier sind ein Geschenk eures Schutzengels an euch, die er sich aus seinen Flügeln gezupft hat. Sie sollen euch an ihn erinnern und daran, dass ihr nie allein seid, sondern dass der verlängerte Arm Gottes in Gestalt eures Schutzengels immer über euch wacht."

Hier konnte Vivienne nicht mehr an sich halten. „Ich verstehe nicht, Oma, wieso wir dann erst Gott um Hilfe bitten mussten, wenn doch unser Schutzengel sowieso alles von uns wusste. Dann hat er doch auch gesehen, dass wir Hilfe brauchen?"

Großmutter musste lachen, verstohlen wischte sie sich eine Träne aus den Augenwinkeln und sagte dann doch ganz ernsthaft: „Jeder Mensch muss in seinem Leben für sich selbst entscheiden, er muss selbst entscheiden, ob er Hilfe haben möchte oder auch nicht. Gott und die Schutzengel sind immer da für euch, aber sie greifen erst dann in euer Leben ein, wenn ihr sie darum bittet. Und so konnte euer Schutzengel euch erst dann zu Hilfe kommen, als ihr sie in eurem Gebet ausdrücklich gewünscht habt."

Die Großmutter zog Denice und Vivienne in ihre Arme. „Ich danke Gott und eurem Schutzengel, dass ihr sicher wieder zuhause seid." „Ja, Oma, aber vergiss Benny nicht!", sagte Denice vorwurfsvoll. „Oh, nein", murmelte die Großmutter und lächelte erheitert unter Tränen.

Das Weihnachtszimmer (Der Schlag)

Für mich ist die Advents- und Weihnachtszeit heute noch genauso schön wie in meiner Kindheit. Wenn ich es mir recht überlege, liegt der einzige Unterschied zu früher eigentlich nur darin, dass sie eher anfängt - manchmal sogar schon im Oktober. Auch heute beschäftigen sich Kinder - und das desto intensiver, je näher das Weihnachtsfest rückt - mit der spannenden Frage: Gibt es ein Christkind oder nicht?

Ältere Kinder fühlen sich oft dazu berufen, mit ihrer angeblichen Lebenserfahrung die jüngeren aufzuklären: Ein Christkind gibt es nicht! Basta!

Ja, ich muss gestehen, auch ich hatte diese revolutionären Gedanken, als ich ungefähr zehn Jahre alt war. Sehr „cool" fühlte ich mich, als ich meinem kleinen Bruder die Tatsachen des Lebens beizubringen versuchte. Er sah mich allerdings auf seine unnachahmliche Art voller Widerspruch seelenruhig an, und ohne Worte wusste ich, er glaubte mir nicht. Ich machte mich lustig über ihn: „Du Baby, du, glaubst noch an das Christkind!", und musterte verächtlich meinen kleinen Bruder, der mit niedergeschlagenen Augen und gesenktem Kopf vor mir stand. Als er dann endlich wieder aufsah und mich aus seinen langbewimperten blauen Augen trotzig anblickte, gab ich es auf. Da war Hopfen und Malz verloren. Sollte er doch weiterhin solche Märchen glauben, er war ja schließlich auch noch ein Kind.

So standen also damals die Dinge, als etwas passierte, das mich von der Existenz des Christkindes so restlos überzeugte, dass ich mir nur meinen Teil dachte, wenn ich die anderen Kinder wieder über das Christkind lästern und spotten hörte. Sie wussten nicht, was ich wusste. Sie hatten nicht miterlebt, was ich erlebt hatte, und das kam so:

Es war genau einen Tag vor Heiligabend. Mein Vater hatte den Weihnachtsbaum im Wohnzimmer aufgestellt und ihn

---

anschließend mit uns geschmückt. Wunderschön war er geworden, wir hatten schließlich mit den bunten Schokoladen- und Zuckerkringeln nicht gespart. Danach zog Vater den schweren Samtvorhang zwischen Wohnzimmer und Esszimmer zu. Niemand durfte mehr in das „Weihnachtszimmer" hinein, denn es hätte ja sein können, dass man das Christkind bei seiner Arbeit überraschte. „Jeder weiß ja", so erklärte uns meine Mutter, „dass es viele Millionen von Kindern gibt, die alle zur selben Zeit beschert werden wollen, und das ist selbst für das Christkind unmöglich." Sie fand es nur recht und billig, dass die Leute, die den Platz dafür hatten - wie wir - ein richtiges Weihnachtszimmer bereitstellten, in welches das Christkind ungesehen ein- und ausfliegen konnte, um, wann immer es Zeit hatte, unsere Geschenke unter den Tannenbaum zu legen.

So blieb der Samtvorhang also geschlossen. Unser Esstisch, an dem wir unsere Mahlzeiten einnahmen, stand nicht weit davon entfernt. Gingen wir zum Tisch oder in die angrenzende Küche, mussten wir an dem Vorhang vorbei. Er zog unsere Blicke wie magisch an, am liebsten hätten wir Röntgenaugen gehabt, um einmal - ein einziges Mal nur - zu sehen, was dahinter geschah. Ich wusste ja genau, dass es überhaupt kein Christkind gab, aber wenn doch, so hätte ich es für mein Leben gern gesehen. Meine Finger zuckten im Vorbeigehen schon mal zum Vorhang hin und berührten ihn sogar kurz, aber ich wagte es trotzdem nie, den Vorhang beiseite zu schieben und hineinzuspähen, was eigentlich ein Leichtes gewesen wäre. Und meinem kleinen Bruder ging es genau wie mir.

Niemand durfte das Weihnachtszimmer öffnen oder betreten. Niemand! Das galt für uns Kinder ebenso wie für Vater und Mutter. Was man aus dem Wohnzimmer - das jetzt Weihnachtszimmer war -, brauchte, musste man rechtzeitig herausnehmen. War der Vorhang erst einmal zu, war die Gelegenheit bis zur Bescherung vorbei.

Nun hatte mein Vater bei den vielen Weihnachtsvorbereitungen etwas Wichtiges im Weihnachtszimmer vergessen, das er aber unbedingt haben musste. Ich weiß nicht mehr, was es war, aber es war anscheinend so unverzichtbar, dass mein Vater sogar erwog, das verbotene Zimmer zu betreten. Er beriet sich mit meiner Mutter, die ihm nach vielem Hin und Her beipflichtete, dass er hinein müsste, aber wenn schon, dann schnell, nur schnell!

Mein Bruder und ich schauten uns vielsagend an. Das war doch vielleicht die ersehnte Gelegenheit, auch einen Blick hinter den Vorhang zu werfen. Keine Sekunde ließen wir den Vorhang aus den Augen, als Vater langsam vom Tisch aufstand und auf ihn zuging. Hatte sich der Vorhang nicht eben in der Mitte etwas gebauscht und leise bewegt? Das musste Vater doch auch bemerkt haben? Wir hielten den Atem an, während Vater ruhig voranschritt, den Vorhang auf der rechten Seite mit seinem Körper zurückschob und in das Weihnachtszimmer hineinglitt. Vom unaufhörlichen Hinstarren hatten wir schon ganz trockene Augen, aber um nichts in der Welt hätten wir einen einzigen spannenden Moment durch ein Zuschlagen der Wimpern versäumt. Wir durchbohrten fast mit unseren Blicken den Vorhang hinter Vater, aber wir sahen nichts. Enttäuscht wandten wir uns ab. Gleich würde Vater wieder herauskommen, und wir wussten schon jetzt, er würde es wieder so geschickt anstellen, dass wir auch diesmal nichts, aber auch rein gar nichts sehen würden.

In Gedanken überlegte ich - wenn später niemand in der Nähe sein würde -, selbst einmal hinter den Vorhang zu schauen. Unserem Vater war ja anscheinend nichts dabei passiert. Während ich mir bereits ausmalte, was für große Augen mein kleiner Bruder machen würde, wenn ich es ihm erzählte und vielleicht sogar als Beweis für meine Heldentat einen Zuckerkringel vom Weihnachtsbaum mitbrächte, gab es ein lautes Krachen, dem ein Schmerzensschrei meines Vaters folgte. Möglicherweise schrie auch zuerst mein Vater auf und es krachte anschließend, genau kann ich es nicht mehr sagen. Es geschah ja alles so schnell. Außerdem war da noch das aufblitzende Licht, das wir sogar durch den dicken Samtstoff wahrnahmen, und der sich heftig bewegende Vorhang, dessen Luftzug wir kühl auf unseren erhitzten Gesichtern spürten.

Vor Schreck saßen wir alle wie erstarrt. Was war mit Vater passiert? Warum kam er nicht heraus? Gern wären wir ihm zu Hilfe geeilt, aber wir trauten uns nicht - selbst Mutter schien zu zögern. Eine halbe Ewigkeit verging, bis sich endlich unser Vater aus dem Vorhang herausschob. Er wirkte sehr mitgenommen. Mit der linken Hand hielt er sich den rechten Oberarm und stöhnte leise. Wir konnten an seinem Gesicht ablesen, dass er starke Schmerzen haben musste. Besorgt legte Mutter den Arm um ihn. Dann fragte sie das, was uns allen auf dem Herzen lag: „Was ist passiert, um Himmels willen?"

Vater konnte vor Erregung und Schmerzen kaum sprechen. Erst nach und nach brachte er heraus, dass er den gesuchten Gegenstand schon gefunden hatte und mit ihm schnell das Zimmer verlassen wollte, als er auf einmal von hellem Licht geblendet wurde und einen derartig scharfen und harten Schlag auf den Oberarm erhielt, dass er vor Schreck und Schmerz fallen ließ, was er in den Händen hielt. Das war das Krachen gewesen, es hatte geklungen, als ob etwas Großes in tausend Scherben zerbrochen wäre.

Mein Vater aber ließ sich niemals wieder dazu bewegen, auch nur einen Fuß in das Weihnachtszimmer zu setzen. Die Scherben mochten bleiben, wo sie waren. Meinem Bruder traten Tränen in die Augen. Würde das Christkind in solch dermaßen verunstaltetes Weihnachtszimmer überhaupt noch kommen? Würde es womöglich sogar die Geschenke, die es vielleicht schon unter den Baum gelegt hatte, wieder abholen? Niemand konnte und wollte ihm diese wichtigen Fragen beantworten. Wir mussten geduldig bis zum Heiligen Abend warten.

Wohl an keinem Weihnachtsfest ist uns Kindern das Warten so schwer gefallen wie an diesem. Was, wenn es überhaupt keine Bescherung geben würde? Was, wenn das Glöckchen nicht klingeln und das Weihnachtszimmer dunkel bleiben würde? Spätestens nach unserem Abendessen am 24. würden wir es wissen. Auch der längste Tag musste ja einmal vorübergehen.

Mutter hatte den Tisch für das Weihnachtsessen wie immer festlich gedeckt. Unter jedem der goldumrandeten Teller lag ein goldenes Deckchen, ein goldener Stern hielt die Serviette, und die Stiele der funkelnden Kristallgläser zierte ein goldenes Schleifchen. Nur an Festtagen wie diesem durften auch wir Kinder aus den „guten" Gläsern trinken. In der Mitte der Tafel verbreitete die goldene Kerze in der mit frischen Tannenzweigen geschmückten Kristallschale ihr goldenes Licht. Wir hatten uns alle dem Anlass entsprechend festlich angezogen, aber als Mutter das Essen auftrug und wir uns, wie es in unserer Familie üblich war, gegenseitig frohe Weihnachten wünschten, wollte doch die rechte Weihnachtsfreude nicht wie sonst aufkommen. Mein kleiner Bruder blickte entweder mürrisch seinen Teller an oder vorwurfsvoll seinen Vater. Der war ja schließlich auch an allem schuld. Die Atmosphäre am Tisch war geladen von Spannung. Würde das Glöckchen nach dem Essen nun erklingen oder nicht? Für mich und meinen Bruder wurde dieses Weihnachtsessen das längste unseres Lebens. Es dauerte ewig!

Wir halfen unserer Mutter gerade beim Tischabräumen, als zart und leise ein Glöckchen erklang. Noch nie hat uns ein Glöckchen so schön geklungen! Aufgeregt betraten mein Bruder und ich zusammen mit den Eltern das Weihnachtszimmer. Alles war wie immer. Der von uns geschmückte Tannenbaum erstrahlte in festlichem Glanz, und um ihn herum lagen die großen und kleinen Geschenke, deren liebevolle Verpackung noch verhüllte, was uns alles zugedacht war.

Prüfend suchten die Augen meines Bruders und auch die meinen jeden Zentimeter des Fußbodens ab. Von Scherben keine Spur! Wer hatte sie beseitigt?

Vater erzählte uns später an diesem Heiligen Abend von seiner eigenen Mutter, der vor vielen Jahren einmal etwas Ähnliches passiert war. Auch sie war leichtsinnigerweise in das Weihnachtszimmer gegangen und hatte einen Schlag auf die Schulter bekommen, von dem sie sich - wie sie uns später auf unsere Fragen erzählte - nie so richtig erholt hatte. Jedes Jahr wieder um die Weihnachtszeit schmerzt ihre Schulter. Dass unsere Großmutter eine schmerzende Schulter hatte, das wussten wir schon immer, aber jetzt erst erfuhren wir, warum das so war. Hätte unser Vater sich nur rechtzeitig an seine Mutter und ihr Erlebnis im Weihnachtszimmer erinnert, dann wäre ihm sein eigenes wahrscheinlich erspart geblieben.

Aber wer weiß, wozu das alles gut war? Meine Mutter sagt immer, dass alles Sinn hat, nichts umsonst geschieht oder nur zufällig. „Einen Zufall", sagt sie - und da duldet sie keinen Widerspruch, „also einen Zufall gibt es nicht!"

Mir hat Vaters „Schlag" jedenfalls klar gemacht, was mein kleiner Bruder schon wusste: Es gibt ein Christkind! Davon bin ich bis heute nicht abzubringen. Gestern beim Mittagessen stritten sich meine beiden Töchter. Worüber? Natürlich um eine Frage, die so alt ist wie Weihnachten selbst: Gibt es ein Christkind oder nicht?

Mir fällt dazu übrigens auch noch die Begebenheit mit Engel Gracia und Engel Ambrosius ein, aber das ist schon wieder eine neue Geschichte. Die erzähle ich euch ein anderes Mal.

Gudrun Zydek
Schriftstellerin, Lyrikerin und Aphoristikerin
Mitglied im Deutschen Aphorismus-Archiv (DAphA e. V.)

eMail: info@gudrunzydek.de
www.gudrunzydek.de

Lebenswürdigkeiten Band I + II
*Aphorismen * Sprüche * Weisheiten*

Band I - ISBN 978-3-7543-8523-4
164 Seiten

Band II - ISBN 978-3-7562-2077-9
172 Seiten

Komm, ich zeige dir den Weg!
Unser Weg durch das Leben in inspirierten Schriften

Titelbild: Michael Zydek
ISBN 3-8267-4376-8
265 Seiten

Himmlische Regentropfen
Gedichte

Titelbild: Michael Zydek
ISBN 3-8267-4576-0
117 Seiten